生活的哲學課

世界和未來的思考

梁光耀　著

商務印書館

生活的哲學課 —— 世界和未來的思考

作　　者：梁光耀

責任編輯：蔡柷音　　吳佰乘

封面設計：麥梓淇

出　　版：商務印書館(香港)有限公司

　　　　　香港筲箕灣耀興道 3 號東滙廣場 8 樓

　　　　　http://www.commercialpress.com.hk

發　　行：香港聯合書刊物流有限公司

　　　　　香港新界荃灣德士古道 220-248 號荃灣工業中心 16 樓

印　　刷：美雅印刷製本有限公司

　　　　　九龍觀塘榮業街 6 號海濱工業大廈 4 樓 A 室

版　　次：2021 年 12 月第 1 版第 1 次印刷

　　　　　© 2021 商務印書館(香港)有限公司

　　　　　ISBN 978 962 07 6654 1

　　　　　Printed in Hong Kong

目　錄

前　言

這是哲學課系列的第三本書，原來的計劃只有上下兩冊，那要多謝負責這個系列的蔡柷音編輯。本書結構和形式跟前兩本差不多，都是 12 篇文章，分為 3 組，每組 4 篇，而每組的第四篇又可以看成是這一組的歸結。哲學課系列第一本的主題是「自我與成長」，第二本是「他人與社會」，而第三本則是「世界與未來」，某程度上，第三本也呼應着前兩本的主題，因為第三本的第一組和第二組也跟「自我」和「社會」這兩個主題有關。

藝術　運動　旅行　閒暇 ｝自我

社會　經濟　政治　繁榮 ｝社會

科學　歷史　宇宙　未來 ｝世界

梁光耀

2021 年 11 月書於香港

大學時我本是唸生物的，後來轉讀藝術，但其實我會考沒有考過美術科，中小學亦沒有特別學過繪畫，反而小學時被選中為口風琴隊隊員。記得那段日子我經常練習彈奏的技巧，最喜歡彈奏的不是樂譜上的歌曲，而是當時的流行曲，例如《小李飛刀》、《陸小鳳》、《小時候》和《世界真細小》等等，能夠完整地彈奏一首樂曲，的確有很大的自足感。而我最初報大學的第一志願其實是建築系，建築也算是藝術，也許我是不自覺地喜歡藝術吧。

現在的小孩子，大部分都有學習繪畫和音樂，甚至舞蹈和戲劇；但我很懷疑，他們是否會有我當年的自足感，因為當中有不少人都是被父母安排上興趣班，小小年紀就要學習很多東西，也很難達到專注和享受。為甚麼現在的父母要子女學習那麼多藝術的科目呢？相信大部分原因不是因為藝術可以提升審美的能力，或是藝術本身有甚麼重要的價值，而是學習藝術有助升讀名校。想來有點可悲，那不過是盲目競爭的產物。在香港，很多孩子都考鋼琴評級試，有些甚至考獲八級程度，整體的音樂水準應該很高；但奇怪的是，我們投放了大量資源在藝術，卻沒有得到相應的回報，好像沒有產生出甚麼世界級藝術界著名人物，但反而有兩個世界級的單車冠軍。

藝術看似沒有甚麼用，但其實它是人類心靈最自由的表現，也象徵着人類最大的創造性。

藝術有害？

大部分西方頂級哲學家如亞里士多德（Aristotle）、康德（Immanuel Kant）、叔本華（Arthur Schopenhauer）、黑格爾（Hegel）、尼采（Friedrich Nietzsche）和海德格（Martin Heidegger）等都十分重視藝術，有些甚至賦予藝術超越哲學的功能和價值；但柏拉圖（Plato）剛好相反，他認為藝術對哲學是一種威脅，藝術是有害

的，必須查禁。柏拉圖是西方哲學的奠基人，他的《對話錄》(*The Dialogues of Plato*) 幾乎涉及所有重要的哲學問題，在藝術方面，他主張模仿論，將當時兩類藝術統合起來，主導了西方藝術二千多年的發展，直到現代藝術出現為止。

古希臘的兩類藝術

	技巧性藝術	創造性藝術
希臘原文	τεχνη	ποιησι
性質	根據規則製造出來，屬勞動性	依靠靈感創造出來，屬精神性
例子	繪畫、雕塑、建築	詩歌、音樂、戲劇

要認識柏拉圖的藝術主張，先要了解他的理型論。柏拉圖認為我們這個變動不居的經驗世界之上有一個不變的理型世界，當我們的肉體死亡之後，靈魂就會重歸理型世界。每一種事物都是模仿了理型而存在，理型是完美的，但模本就一定有缺憾，例如現實的人會死，但人的理型卻是永恆不變的。在理型世界，理型也有層級之分，最高級的理型就是真，亦是善，也是美，真善美三者合一。柏拉圖認為，藝術正是經驗世界事物的模仿，例如畫家繪畫一張牀，那是模本的模本，畫家其實欠缺有關製造牀的知識，藝術家只是製造幻象，使人遠離真理，所以柏拉圖要將藝術家驅逐出他的理想國。

創造性的藝術雖然精神性較高，但詩人的靈感其實來自神靈，詩人本身也欠缺他所頌讚事物的知識；詩人也有可能回憶起美的理型，因為人未投生之前，靈魂是處於理型世界的。不過，柏拉圖認為大部分詩歌都會擾亂人的情感，引起傷感、性慾、憎恨等不

良情感，敗壞人的道德，所以文藝作品必須審查，柏拉圖是第一個提出藝術審查的哲學家。舉個例，在樂曲方面，柏拉圖反對哀怨的呂底亞式和柔弱的伊俄尼亞式，主張簡單嚴肅的多里斯式和激昂戰鬥的佛律癸亞式，因為後兩者有助於培養勇氣和節制的德性，勇氣和節制正好對應靈魂的意志和情慾部分，令靈魂處於和諧的狀態。由此可見，這是一種為道德而藝術的主張，可稱為道德主義，十九世紀俄國大文豪托爾斯泰（Leo Tolstoy）也有類似的主張，雖然不像柏拉圖那麼極端，但他認為藝術要傳達憐憫和人類四海一家的情感才是好的藝術。

柏拉圖的文藝審查

內容	形式
禁止作品描寫神和神的鬥爭	反對直接敍述，即以對話的形式出現，如史詩和悲劇
只容許歌頌神和英雄的頌詩	主張間接敍述，即以旁白的形式出現，如頌歌

根據柏拉圖的標準，大部分藝術都是有害的，必須禁止。雖然他反對大部分藝術，卻十分重視美，因為愛美能令我們的精神提升到理型世界，首先我們很自然會愛美的身體，上升一級就是愛其他美的具體事物，例如美的風景，再提升一級就是愛抽象事物的美，例如數學和美德，如此層層上升，最後就能達致美的理型。問題是，繪畫和雕塑也可以美，例如柏拉圖時代已經有《擲鐵餅者》（*Discobolus*）這樣優秀的作品存在，為甚麼柏拉圖會視而不見呢？我認為柏拉圖是受制於其模仿論，雕像不過是模仿人體，比人體美還低一級，根本就不值一提。

我認為柏拉圖最大的問題就是忽視了藝術的美，其實藝術是最能表達美的東西，也可以說，藝術是具體事物中最能夠捕捉美的理型。藝術不是現實的模本，而是介乎現實和理型之間，使人由現實提升，接近美的理型，只要看一看文藝復興時期的作品就自然感受得到。

美與藝術

跟柏拉圖一樣，我也認為美能令人精神提升，有很重要的價值；但美又是甚麼呢？這個問題可以有兩個意思，一個是指「美感是甚麼？」，另一個是「引發美感的事物具有甚麼性質？」美感是一種愉快的感受，但跟我們平時吃喝所得來的快感不同，用康德的說法，那是一種無私的快感，我們無須佔有對象，例如觀賞美麗的風景時，你不需要掩蓋旁人的眼睛。此外，一般肉體之樂只是感官上的滿足，但美感卻不止於此，它能令人的心靈超離感官的束縛，享受更高層次的快樂，有很高的自足價值。

至於「美的事物具有甚麼性質？」這個問題比較有爭議性，一個流行的看法就是「秩序」，事物之所以美是由於各部分能統一起來，此所謂「雜多的統一」，而適當的比例、對稱、均衡、調和等原則都能對雜多的統一有所貢獻。就以一幅畫為例，如果畫中的色彩、線條、形狀等組合是有秩序的話，則會令人看得舒服，

產生美感。例如文藝復興三傑之一的達文西（Leonardo Da Vinci）特別重視比例及和諧，他的名作《蒙羅麗莎》（*Mona Lisa*）就符合了黃金比例——1：1.618。美來自比例的思想最早由古希臘的畢達哥拉斯學派提出來，著名的《斷臂維納斯女神像》（*Venus de Milo*）也符合黃金比例；古希臘神廟的柱廊之美，就是列柱的大小、數目都是按着特定的比例，例如巴特農神殿柱的闊度和高度的比例為1：6。

根據比例之美，美是客觀的，但到了十八世紀，這種看法受到挑戰，其中的代表人物就是康德。雖然康德也認為美涉及對象的形式，但不可以歸納出特定的性質，例如比例，美不是事物的客觀性質，而是人的主觀感受，是對象的形式無意中符合了主體的認知機能，引起了理解力和想像力產生了像遊戲般的自由活動，康德稱之為「秀美」或「優美」，例如花朵、鳥兒、圖案等，就是對象的形式直接引起我們的美感。

康德認為還有一種美叫做「壯美」，又稱為「崇高」，無限大或無限力量的自然現象能令人產生崇高的美感，例如一望無際的沙漠和狂風暴雨，前者是體積特別大，後者是威力特別大。由於對象的無形式壓倒了我們的感知和想像力，引起了痛苦，但同時又喚起了理性對無限的追求，超越了痛苦而產生快感；換言之，崇高是一種苦樂參半的感受。的確，面對可怕的自然力量，我們會感到痛苦和恐懼，體驗到人的渺小和脆弱，但同時喚起了人理性的道德精神，抗衡大自然無比的力量，愉快的感覺正來自人對自身道德精神的體會。

狹義的美是純粹的，其他美則包含痛苦和不快的成分。優美是狹義美，廣義美則包括其他美。

廣義美	狹義美：優美
	崇高
	悲壯
	滑稽
	怪誕
	荒謬
	幽默

柏拉圖說藝術製造幻象，但叔本華卻主張藝術有認識理型的功能。叔本華受印度哲學影響，提出了一套唯意志論，並結合柏拉圖的理型論和康德的美學，賦予藝術很重要的地位。叔本華認為意志才是世界的根本，而理型則是意志的恰當客體化，也是永恆不變的，至於充滿變化的世間萬物，則是意志的個體化，處於特定的時空和因果之中。作為萬物之一的人類，我們受着盲目意志的驅使，追求滿足一個又一個的慾望，而新的慾望未出現時，我們會感到無聊，所以叔本華說人生就像鐘擺一樣，永遠在慾望和無聊兩邊搖擺。只有在藝術和美的欣賞時，審美經驗才可以令我們暫時擺脫盲目意志的支配，免受慾望的折磨，成為純粹認知的主體，直接認識理念，審美認識是一種純粹的直觀（非概念思考）。

我們在日常生活之中，由於生存的需要，總是要對世界採取一種利害的態度，只有美能將我們從這種利害關係中解放出來，藝術家主動超然於利害關係之外，從事藝術創作，而觀眾則通過欣賞藝術而得以被動地超然於利害之外。對叔本華來說，審美是對自

我意志的否定，一種忘我的狀態，優美和壯美感都是認知主體暫時擺脫了「意志」的束縛，但壯美感需要強力掙脫自己的意志，而優美感則是無須鬥爭就把握了理念。

尼采把叔本華的生存意志改為力量意志，並將其藝術觀擴展到整個人生，視人生為藝術品，尼采說：「藝術是生命最強大的動力，它的本質在於使存在完成，產生美和充實，是肯定和祝福，是生命的興奮劑，苦難的救星。」藝術能提升生命（身體和心靈），使痛苦的人生在藝術中得以證立，因為藝術賦予力量，讓我們克服困難，有勇氣面對醜陋的真相。這種用藝術肯定人生的主張，可稱為「為人生而藝術」，強調藝術對觀者帶來積極和肯定的力量。

尼采特別推崇古希臘藝術，他認為希臘人一早就知道人生的痛苦、可怕及荒謬，但沒有像基督教和佛教否定人生，他們創造出雕刻、史詩和悲劇，史詩帶來美的幻象，及由悲劇的合唱所製造的忘我激情，使古希臘人由虛無的危險中得到拯救。尼采指出，太陽神和酒神是兩種不同的藝術力量，它們相反相成，太陽神代表個體原則、夢、節制、美的外觀，美使現實生命中的醜陋和荒謬得以轉化；酒神則代表激情和生命力，忘我和狂喜，與萬物一體。悲劇中的酒神力量使人與人及自然的隔閡消除，個體被消融，達到永恆的生命，這正是藝術的救贖功能。

簡單總結一下美的意義和價值，柏拉圖賦予美超越性的地位，美能平息身體的慾望；康德視美為道德的象徵；對叔本華來說，美是用來擺脫意志的奴役，是痛苦世界的止痛劑；尼采則比叔本華更「進一步」，將藝術美看成是痛苦人生的興奮劑。

藝術的本質

在現代藝術出現之前，大部分人都認為美就是藝術的本質，「美術」(fine art) 這個詞是由十八世紀巴多 (Charles Batteux) 所創，他用美術來指稱當時七種藝術：詩歌、戲劇、繪畫、雕塑、建築、音樂和舞蹈 (後來出現了電影，所以被稱為第八藝術)，美就是它們的共同性質，也就是說，美是藝術的必要條件。

二十世紀初期，現代藝術興起，杜象 (Duchamp) 的名作《噴泉》(Fountain) 正挑戰美在藝術的地位。《噴泉》其實是一個男性的小便器，杜象在上面簽了名 (假名)，用化名參加當時美國一個獨立藝術展覽，這個展覽是由一班前衛藝術家組成的藝術獨立協會籌劃，目的是針對保守的國家設計學院，這個協會訂下的參展規則是只要交了費用就可展覽作品。其實杜象正是這個協會的主席，也是籌劃這個展覽的委員，這也是為甚麼他要用化名參展的原因之一。杜象這件作品在協會引起了很大爭議，因為很多人認為這根本不是藝術，只是惡作劇。最終《噴泉》沒有在這個展覽展出，據說被一個憤怒的協會會員摔破了，現在我們所看到的只是後來杜象再「造」的複製品。

美國哲學家丹托 (Arthur C. Danto) 指出，《噴泉》在藝術史發展上有很重要的意義，因為它顯示出美不是藝術的必要條件。藝術擺脫了美的束縛之後，有更大的發展空間，產生出很多新形式的藝術。雖然有人認為杜象使小便器脫離了實用脈絡之後，反而能讓我們感受到它的美；但這個解釋並不符合杜象的原意，杜象說：「當我發明現成物時，原想揶揄美學的，而新達達卻拾起

我的現成物，從中發現了美，我把晾瓶架和小便器丟向他們做挑戰，如今他們卻承認它的美而大加讚賞。」杜象明確表示他選擇這些現成物時，必須排除對它們發生審美的興趣。

如果回顧一下藝術和美的關係，就會發現一個很有趣的現象，在柏拉圖的理論中，藝術和美可以說是分離的；在文藝復興時期，藝術和美開始結合在一起；到了二十世紀的現代藝術，藝術和美又分離了，不美的也可以成為藝術。

如果美不是藝術的本質，那麼，藝術的本質又是甚麼呢？上世紀五十年代，受了維根斯坦（Ludwig Wittgenstein）的反本質主義思想影響，有人主張藝術不能被定義，因為藝術根本沒有本質，即不存在構成藝術的必要和充分條件，不同藝術之間只有維根斯坦所講的「家族相似性」，例如有些藝術是美的，有些藝術講究形式，有些則旨在表現情感，卻沒有一個是藝術的共同性質。

藝 術 的 分 類

藝術大致可分為三大類：視覺藝術、表演藝術、文學藝術。視覺藝術主要靠視覺欣賞，表演藝術要經歷一個時間過程以不同感官感受，文學藝術則要經過文字的閱讀才能了解和欣賞。當然，有些藝術難以分類，特別是跨媒介的當代藝術。

藝術		
▽	▽	▽
視覺藝術	表演藝術	文學藝術
繪畫	音樂	詩
雕塑	舞蹈	詞
建築	戲劇	散文
攝影	電影	小説

丹托認為藝術是有本質的，但藝術的本質要在藝術終結之後才會出現，這樣我們就可以成功地給藝術下定義。丹托所講的藝術終結是指藝術發展史的終結，時間是二十世紀六十年代。因為當時出現了跟日常事物沒有分別的藝術，代表性作品就是安迪・沃荷 (Andy Warhol) 的《布瑞洛盒子》(*Brillo Box*)，安迪・沃荷用木和絲網印刷來模仿真正的布瑞洛盒子 (超級市場用來裝貨的普通紙盒)，使人在外觀上不能分辨兩者。由於藝術已發展到在外觀上跟非藝術無異 (視覺藝術沒有視覺上的獨特性)，這正顯示出藝術的可能性已經窮盡，沒有進一步革命性的創新，亦沒有發展的方向，這就是藝術的終結。丹托認為藝術終結代表藝術自由的實現，藝術家做甚麼也可以，藝術從此進入多元主義時代，由於藝術的可能性已經窮盡，藝術家亦只有重複或混合已有風格。可是，丹托並未給出一個完整的藝術定義，他只說出藝術的兩個必要條件，一個是「有主題」，另一個是「對有關主題表達某些看法」，就以《噴泉》為例，它的主題是有關「藝術的性質」，要表達的是「美不是藝術的必要條件」。

藝術與政治

政治和藝術屬於不同範疇，好像沒有甚麼相干性，但其實兩者也可以有很密切的關係。既然藝術可以用來表達思想和情感，為甚麼一定要否定政治的內容呢？有一位我很尊敬的畫家說：「藝術

不要涉及政治。」但他卻畫了一張歌頌和平的畫，難道這不算是政治主張嗎？也許他的意思是藝術不要為政權服務，或太貼近政治現實，因為那可能會破壞藝術的獨立性和純粹性。

可是，過去西方的傳統藝術，不是為宗教服務，就是為政治服務，因為在自由市場出現之前，藝術家要依附宗教和政權才可以生存，就以文藝復興傑出的藝術家米高安哲奴（Michelangelo）為例，他的名作《最後審判》（*The Last Judgment*）就是受教宗所託而畫，而雕塑《大衛像》（*David*）則是當時剛成立的佛羅倫斯共和國委託米高安哲奴創作的，大衛是《聖經》的人物，因戰勝巨人哥利雅而成為王者，在這雕像中，我們看到大衛充滿鬥志的眼神，毫無懼色，正準備給巨人致命的一擊，喻意就是共和國（大衛）戰勝了把持朝政大半個世紀的麥迪奇家族（巨人）。又例如，巴洛克藝術之所以出現，其實是天主教為了對抗新教，試圖藉藝術吸引多些人到教會。新古典主義畫家大衛（Jacques-Louis David）更是拿破崙（Napoleon）的御用畫師，他為拿破崙畫了《拿破崙越過阿爾卑斯山》（*Napoleon Crossing the Alps*）這幅肖像畫，就是要頌讚拿破崙攀越阿爾卑斯山的英姿，顯示他是一個英明神武的領袖，以作政治宣傳，好讓他能夠順利稱帝。早前北韓領袖金正恩也拍了一張在長白山上馳馬的照片，想必也是仿傚拿破崙。

過去的藝術的確是作為宗教和政治宣傳而存在，但並不表示就一定會損害藝術的價值。藝術家也可以用藝術作政治批判或政治主張，例如十八世紀法國畫家德拉克羅瓦（Eugène Delacroix）

有一幅名作，叫做《自由女神領導羣眾》（*Liberty Leading the People*），這件作品講述 1830 年發生於巴黎的七月革命，反抗國王查理十世的專政，畫家藉此事件表達出他對自由的嚮往，此畫用筆豪放，色彩強烈，屬於浪漫主義的風格，十分配合「自由」這個主題。又例如，畢加索（Pablo Picasso）的反戰名作《格爾尼卡》（*Guernica*）也有明顯的政治信息，就是批判像法西斯這樣的專制政權。

有時政治性的作品也很有挑釁性和爭議性，就以《甚麼是展示美國國旗的恰當方法？》（*What is the Proper Way to Display a U.S. Flag?*）這件作品為例，它是裝置藝術，由上、中、下三部分構成，牆上有一些相片都跟國旗有關，包括在棺材上蓋上國旗、焚燒國旗等，中間部分有一本簿，讓人對這些事件寫上意見；但是，地上卻鋪上一張美國國旗，如果要發表意見的話，就要踏在國旗之上，國旗是國家的象徵，這樣做就會構成侮辱國家的指控，作者想要表達的是，國家是妨礙言論自由的東西。這件作品引起了很大的爭論，地方政府甚至立法禁止展出，後來最高法院判決這條法律違憲，違反了保護言論自由的第一修正案。

從以上的例子可以看到，政府不但可以利用藝術來宣傳，也可以運用權力來審查藝術作品。藝術是透過感性方面影響我們的思想和態度，跟言論自由一樣，藝術表達的自由也不是完全不受限制，但原則上是越少越好，除非對社會產生很不良的影響。第一節我們談到柏拉圖認為要對藝術進行審查，審查通常有兩種，一種是道德審查，另一種是政治審查。贊成道德審查的人大都認

為作品的色情和暴力會引致犯罪的問題，但兩者的關係其實是有待驗證的。亦有人認為，對於成年人來說，查禁是不必要的，不但犧牲了表達的自由，道德審查亦有可能被濫用，變成了政治審查，所謂「精神污染」往往就是由道德延伸到政治審查的藉口。

政府 vs 藝術

政府	審查 →	藝術
	← 宣傳	
	← 批評	

順帶一提，傳說中距今兩萬多年前有一個雷姆利亞文明，此文明很重視藝術，人民每天要花三、四個小時來聆聽音樂，就連統治權力也用藝術比賽來判定誰屬，今天聽起來，也許有點匪夷所思。由此可見，是否有用其實也跟制度有關，在雷姆利亞文明的制度中，藝術就非常有用。

結語

基本上我同意丹托的說法，美不是藝術的必要條件，但這不表示美不重要。雖然藝術不一定要美，但也不表示藝術就一定要不美。打個比喻，有人說娶妻求淑女，不一定要美女，但由此推論不出一定要娶個不美的太太。我也同意藝術終結和多元主義的說

法，多元主義是指多元風格並存，不同的藝術形式都有同等的地位，不可以說抽象主義比寫實主義優勝。我認為藝術多元也包括藝術價值的多元，藝術可以是純粹美的創造，也可以表現情感，或是傳達信息，亦可以用來反映現實，批判社會。藝術是人類最自由的活動，也只有在藝術的創作中，人才能掌握最大的自主性。

對我來說，藝術就像是靈魂的一面鏡子，是自我的反映。還記得大學藝術一年級的時候上素描堂，畫的是傳統的石膏像，雖然大家畫的是同一個石膏像，但每張畫多少有點像自己，從中我領略到藝術是自我的表達。我所說的靈魂是指人死後會離開身體的存在，比較接近柏拉圖輪迴轉世的觀念，靈魂在未投生之前，是活出自由自在的實在界，繪畫對我來說其實是一種鄉愁。

.

杜象屬於達達主義藝術家，達達主義以「反藝術」為其宗旨，就以《噴泉》為例，杜象藉着「現成物」創作質疑傳統以來的藝術觀念，藝術必須是美的、再現的和有高超的技巧。在藝術史上這個現成物創作有很重要的意義，因為它打破了舊有的藝術觀念，開創了更多可能性，影響了後來的概念藝術、裝置藝術、行為藝術和大地藝術等等新的藝術形式。原作被毀滅之後，杜象因應需求，製造了 17 個複製品給各地的藝術館收藏。

《噴泉》(1917 年)

作者：杜象
原作物料：現成物
尺寸：63 × 48 × 35cm
收藏：其中一個複製品在美國費城藝術博物館

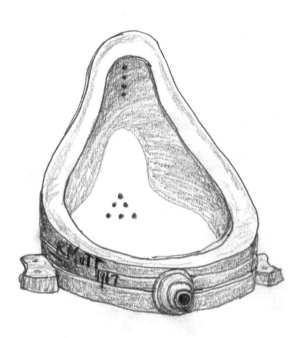

運動

運動是美學與力學的結合。

小學時最喜歡上的是體育堂，有時會到校外的球場踢足球，那就更加開心，事實上，大部分男孩子都喜歡踢足球。上了中學，附近沒有足球場，我們唯有用籃球場來踢足球，但不可以用真的足球，只能夠踢「西瓜波」。除了足球之外，中學時也喜歡賽跑，當時有一部講賽跑的電視劇，叫做《奔向太陽》，由劉德華主演。我還記得主題曲的一句歌詞「爭取出線，爭取脫穎，將努力換殊榮」，就是這首歌，燃起了我參賽的決心，還贏得了陸運會800米賽跑的銀牌。

有人說，運動是屬於年青人的，因為運動員的壽命有限，只有年青時候才可以到達頂峰；比起上了年紀的人，年青人也多數只能夠在運動上取得成功，那些年紀輕輕就贏得世界冠軍的人，可謂名成利就。雖然如此，但並不表示只有年青人才喜歡運動，運動是廣受歡迎的，就連每天的新聞報導也例必有體育消息。會考成績好當然令人羨慕，但諾貝爾得獎者就不及奧運金牌選手受人歡迎；若論對人類的實質貢獻，奧運金牌卻又比不上諾貝爾獎，那麼運動的價值在哪裏呢？

在傳統儒家的角度看，運動不過是遊戲，正所謂「勤有功，戲無益」，儒家只着重道德和秩序，運動並沒有甚麼重要的價值，這可能是傳統中國人不重視運動的原因之一。即使是現代，也有否定運動價值的哲學家，例如著名哲學家喬姆斯基（Noam Chomsky）就認為運動之所以受歡迎，不過是讓人暫時避開困難，這正是運動的虛假性。但我認為，運動的價值在於挑戰人體的極限，運動員的成就正代表着人類身體和意志的卓越表現。

運動是甚麼？

對兒童來說，運動是一種遊戲，小孩子喜歡運動就是因為好玩，他們不是愛上跑步，而是喜歡玩「兵捉賊」，追逐本身就好玩。對運動員來說，運動是一種競賽，參賽的目的就是奪標。對上了年

紀的人來説，運動就是健康。對觀眾來説，運動則是娛樂，心愛的球隊就是自己的身分認同。對於不同的人，運動就有着不同的價值和意義。也許某些運動有階級性或性別傾向，例如哥爾夫球感覺比較中產，而足球則草根味重；拳擊是男性為主的運動，而舞蹈則較多女性參與。

運動的分類

我將運動分成四類，但這並不是一個窮盡的分類，其中競技運動是指個人對決的運動，跟團隊式的競賽運動不同。

競技運動	摔角、柔道、劍擊、拳擊
田徑運動	賽跑、跳高、跳遠、擲標槍、擲鐵餅
球類運動	足球、籃球、羽毛球、乒乓球、排球
健身運動	跳舞、體操、游泳、跑步

相信大部分人都能分辨甚麼是運動，甚麼不是運動；不過，有時也有爭議性，例如圍棋，雖然現時國際奧委會承認是運動項目，但我還是很難接受這種智力競賽是一種運動。意大利哲學家大衛‧帕皮諾（David Papineau）在《燒腦老球迷的哲學勝利法》（*Knowing the Score: How Sport Teaches Us about Philosophy*）一書中，將運動定義為「一種純粹提升身體能力和技巧的活動」。這個定義涉及兩個重點，一個是身體能力，另一個是技巧。有些運動是偏重於前者，例如跳高、賽跑和舉重，那就是追求更高、更快和更有力；另一些運動則偏重於後者，例如射擊和桌球，這兩種運動比較靜態，主要涉及手和眼配合的技巧；當然，也有兩者皆重的運動，例如足球，踢足球要全場奔走，必須要夠快和有足夠體力，而盤球和射球則涉及較多技巧。對於桌球這類靜態的

運動來講，「身體能力」的成分比較少，難怪有聲音建議將電玩競賽加入成為奧運項目，因為也可以說是眼和手的協調。由此可見，要給運動下一個明確的定義也不容易。或者可以這樣說，若涉及身體能力和技藝性越高，其「運動性」也越高。

很多運動都源於古時實際生活所需（狩獵和戰爭），有其實用性，例如射擊、賽跑和拳擊等，但它們成為運動之後，實用的目的可能會消失，變成了純粹興趣或遊戲；若是比賽的話，就有了爭勝和奮鬥的意義。不過不是所有運動都有實用性的源頭，也有運動是創造出來的，例如籃球就是由美國人占士・納史密斯（James Naismith）於 1891 年發明的，只有百多年歷史。

大抵上，運動可以分為兩種，競賽式和非競賽式；當然，這個分類並非排斥的，同一種運動，比如說游泳，可以是競賽，也可以不是競賽。如果是競賽式的運動，就一定有規則，也涉及公平及體育精神。如果有人犯規取勝，就是不公平；若是不盡力比賽，就有欠體育精神。以足球為例，除了守門員之外，其他球員用手觸碰足球是犯規的（當然，擲界外球是例外），規則的訂立是為了使比賽有秩序地進行，也用來分出勝負。當然，規則是可以更改的，但目的應該是令比賽更公平和順暢地進行。運動好像很客觀，但別忽略制度性的因素，比如說贏了奧運 100 米賽跑的人，我們會稱之為「飛人」；但如果更換了規則，只跑 50 米，或在 10 分鐘內跑最遠，勝出的可能是另一個人。

由於運動主要是鍛鍊身體和操練技藝，所以從運動中我們會有所進步，這也是運動帶來的滿足感，就以我自己踢足球的經驗為

例，當初練習假動作實在花了不少時間，當終於能在球場上施展出來，成功欺騙了對手（這沒有犯規），真的很有滿足感。要成為出色的運動員，大部分人都要經過艱苦的訓練。

競爭與榮譽

講到運動，就不得不提奧林匹克運動會，那是四年一度的世界體壇盛事。現代奧林匹克運動會源於古希臘，最早的奧林匹克運動會始於公元前 776 年，當時其實是一種宗教儀式，運動員手持火把，以競賽的形式跑到宙斯神廟的祭壇燃點聖火，這種短途賽跑稱為 stadium，也是運動場一詞的來源。換言之，最初的奧林匹克運動會只有一個項目，後來才不斷加入新項目，如拳擊、角力、賽馬、戰車競賽、擲鐵餅、擲標槍和長跑等等，到了公元前 476 年的奧林匹克運動會，已經增加到 23 個比賽項目。比賽勝出者會得到橄欖枝的葉冠，用作祭祀的奉獻，而優勝者亦被視為神的寵兒。運動會一般會舉行五至七天，而在運動會舉行前 10 個月，負責籌備的艾利斯城就會發出通告，邀請各城邦派遣運動員前來艾利斯城進行訓練，直至運動會結束後一個月，各城邦會停止戰爭，由此可見奧運會的和平意義。奧林匹克的精神就是以競賽代替戰爭，讓運動員通過艱苦的訓練，追求卓越的表現，在公平的規則下擊敗對手，獲取榮譽。

古柏坦（Pierre de Coubertin）可以説是現代奧運會的推手，他主張繼承古希臘奧林匹克運動會的精神，將奧運會現代化。首屆現代奧運會於 1896 年在希臘舉行，當時只有 13 個國家加入，現在已超過 100 個國家參與。古柏坦還建議增加建築、雕塑、繪畫、音樂和文學五種藝術競賽，此建議自第五屆奧運會開始推行，他自己創作的《運動頌》正是這一屆的文學類得獎作品，可惜在第 14 屆之後就停辦了藝術競賽，也許大家比較喜歡動態的運動競賽。現在奧運會的參與人數和競賽項目越來越多，從這個角度看，也可以説是越來越成功，但是，近年奧運會變得商業化，運動員服用禁藥的違規事件時有所聞，而奧運會職員亦有受賄貪污的情況出現，有些國家更藉奧運會來宣揚國家主義。大眾亦只注重競賽的成績，例如誰打破了世界記錄，哪個國家取得最多金牌等，似乎已經忽略了古希臘奧林匹克的精神如公正、友愛及和平。

古柏坦《運動頌》的要義

古柏坦的《運動頌》歌頌運動的九種價值。

喜悦	運動為辛勞的生活帶來歡樂
美	運動是人體的建築師，那就是平衡、和諧和韻律
正義	運動的極限是體力和心力的結合
勇敢	運動需要謹慎的思考
榮譽	運動是公平和沒有欺詐的
快樂	運動產生樂趣，是一種享受
修養	運動帶來健全的品德
進步	運動帶來健康、節制和規律
和平	運動將人類的力量結合，互相尊重

奧運會作為宗教儀式的意義已經消失,其友愛及和平的色彩亦漸漸減退,但我認為這反而更突顯競賽運動的核心精神,那就是通過競賽提升身體的能力和技藝,獲取榮譽。榮譽跟名譽不同,名譽是他人和社會給予的,而榮譽則是自我肯定的,比如服食禁藥贏了比賽,當事人並不會感到榮譽,他只是騙取名聲。雖然運動對社會沒有甚麼實質的貢獻,但它表達出一種純粹的追求,透過不斷挑戰人體的極限,追求最快、最高、最準確、最大力,將人的力量推向極限,彰顯出人類的奮鬥精神和意志的力量,這是人類應引以為傲的,也是競爭和榮譽的意義所在。

競爭不一定要通過比賽,或跟他人競爭;人也可以跟自己競爭,不斷克服自己的弱點,超越自己,有時甚至不惜生命。很多運動都有危險性,例如賽車和滑雪,但我最欣賞的還是 free solo,即徒手攀岩,它被喻為十大危險運動之一,運動員不使用任何攀登工具,也不配帶安全裝備;若稍有不慎就會跌死,過去也有不少攀岩好手遇難,這是一種極度挑戰體力、技巧、耐性和膽量的運動。第 91 屆奧斯卡最佳紀錄片獎就是有關這種運動,這部紀錄片也叫做《赤手登峰》(*Free Solo*),紀錄了攀登好手 Alex Honnold 挑戰美國酋長岩的過程。Alex Honnold 5 歲就開始學習攀岩,20 歲已成功挑戰不少高難度的岩壁,他說自己只是喜歡攀岩,並持續努力,Alex Honnold 為了那次挑戰苦練超過一年,似乎他整個人生都是為了攀石而存在。我認為即使沒有人紀錄或知道他那次攀岩活動,他還是會獨個兒去做,為的就是成功挑戰自己,這就是榮譽的意義。

心靈與肉體

除了哲學和藝術之外，古希臘留給我們的重要遺產還有運動，如
果說哲學和藝術是偏重於心靈，運動就是偏重於身體，古希臘人
所追求的就是心靈和身體的和諧，沒有健康的身體就不會有健康
的心靈，沒有健康的心靈亦不會有健康的身體。也許拿伊壁鳩魯
（Epicurus）跟柏拉圖相比會很有趣，柏拉圖的理型論可以歸類為
唯心論（雖然我並不大贊同這個分類，但不在此討論這個問題），
本以為他會輕視身體的鍛鍊，但其實他是一個運動員。伊壁鳩
魯主張原子論，是一個唯物論者，本以為他會重視身體的鍛鍊，
但其實他的健康十分差，我懷疑這會否影響他追求心靈平靜的質
素。柏拉圖未跟蘇格拉底學習哲學之前，本身也是一個詩人，在
他《斐德若篇》中的人物分類評級中，運動員是第四位，高於詩
人和藝術家；而在柏拉圖的「理想國」中，第一個階段的教育就
是以音樂和體育為主，目的就是要學生達致心身的和諧，發展出
節制和勇氣的品德，在這個基礎上再學習哲學（但在理想國中，
不是所有人都有機會學習哲學）。

要注意的是，古希臘運動會的運動員以裸體參加比賽，古希臘人
也從運動中發現人體的美感，你看那些希臘雕塑就會發現。對古
希臘人來說，運動不但是訓練體能和培養勇氣，也是和諧、秩序
和節奏的表現。從希臘的雕塑可以欣賞到人體的美感，因為雕刻
家就是以運動員為模特兒，從運動中觀察出人體的細微變化，創
造出人體美學的典範，現在的藝術學院仍然以這些人體雕像為素
描訓練的對象。健康和美有着密切的關係，現在不是有很多大型
的健美中心嗎？

現今科學研究發現，人在運動之後會有愉快的感覺，因為我們的腦部分泌一種化學物質，叫做多巴胺。多巴胺還有其他功能，例如調節壓力、忍受痛楚、令人變得聰明，甚至會增強人的冒險性。有研究顯示，若經常運動的人停止運動的話，就會容易出現緊張、焦慮和沮喪的情緒，恢復運動之後則會消除，這就是多巴胺的作用。

也許比較運動和藝術會加深我們對運動的理解。在現代民主自由的社會，雖然藝術的觀眾已經增加了不少，但對整個社會來講，其實還是少數，也可以說運動屬於大眾，藝術屬於小眾。運動比藝術受大眾歡迎的原因是，運動更通俗，更身體化，更客觀和更直接，運動的成績是有目共睹的，誰跑得快，誰跳得高，誰射得準；但藝術的評價不可能這樣客觀，而且藝術需要培養，低下階層往往缺乏相應的文化資本。也可以說，運動是自然，藝術是文化；從這個角度看，運動是一種純粹的追求，比藝術還要純粹。運動是身體的鍛鍊，藝術是心靈的提升；運動員的形象多是健康開朗，藝術家卻多是憂鬱型，多愁善感。也許運動員比較直接表達自己的情感，比賽時沉着應戰，勝利會欣喜若狂，失敗的也可能會放聲大哭；藝術家則傾向抑壓自己的情感，要通過藝術的形式表達出來。

不過，將藝術和運動二分為心靈和身體也許是過分簡化，因為藝術也有身體的一面，比如說繪畫需要眼和手的配合，就像運動一樣，要經過訓練。若論「身體性」最多的藝術，則非舞蹈莫屬，當然，舞蹈也可歸類為運動。運動也有心靈的一面，通常我們只

注意到運動會使人精神愉快，有助培養毅力、勇氣和堅強等品德，卻忽視了運動能帶來更深刻的經驗，例如之前我們提到的攀岩好手 Alex Honnold，我認為攀岩為他帶來頂峰經驗，亦即是心理學家馬斯洛（Abraham Maslow）所講的「自我實現」，相信很多出色運動員都會有這種經驗。在觀賞 *Free Solo* 這部紀錄片時，當 Alex Honnold 成功克服最大難關之際，我懷疑他正處於「無我」狀態，才能做出那個完美的動作，因為根本是 mission impossible（不可能的任務）。

運動 vs 藝術

運動和藝術似乎有以下的二元對立性。

運動	藝術
身體性	心靈性
自然性	文化性
客觀性	主觀性

武術是否運動？

中國武術有技擊的成分，跟很多運動一樣，是源自戰爭的需要，幾乎每個地方文化的技擊都有這個源頭。但中國武術有別於其他文化的技擊，它的另一個源頭是道家的「導引」。導引包括很多東西，其中一種是透過肢體的伸展，配合呼吸，達至養生的功

效,例如華陀創立的「五禽戲」,就是模仿五種動物的動作,可以說是一種健身體操。當導引用於搏擊,就發展為武術。當然,我不是說所有中國武術都有道家的精神,比如說少林的武術就有佛家的源頭,比較準確的說法是禪宗,傳說達摩從印度來到中國的少林寺,不但帶來了禪宗,也帶來了武術。不過,某些武術明顯是以道家精神為基礎,例如太極拳就是了。

現在柔道和跆拳道已成為奧運項目,但中國武術還未能進入奧運;當然,有很多原因,其中一個恐怕是中國武術實在太多種類,如何制定一致的規則就十分困難。但我認為將中國武術僅僅視為運動,可能會忽略武術的精要。西方的運動強調科學,使用客觀的訓練方法,追求可見的效果,如更快、更準和更強;但中國的武術比較像一種藝術,注重習武者的體會,追求所謂境界。用西方的標準來規範武術的話,可能就會失去武術背後的哲學智慧。

不過,以西方科學精神改革中國武術也有一個好處,就是有客觀性,實事求是,可防止中國武術過分吹噓。講境界和體會容易產生一個弊端,就是落入自我膨脹,更糟的是弄虛作假,自欺欺人。近年有「格鬥狂人」之稱的拳手徐曉冬屢次打敗了某些所謂武術大師,揭破他們的假象。如果你在 youtube 看過那些片段,就會發現,還不到一分鐘,那些武術大師都被徐曉冬擊倒,幾乎毫無還擊之力,為甚麼會如此不濟呢?這些武術大師所吹噓的功夫,後來都被人揭發是騙局,例如雷公太極門的雷雷表演用內力將鴿子吸在掌心,原來他用細繩縛在鴿子的腳上,令鴿子無法飛

走，那不過像魔術師在變戲法，難怪徐曉冬自稱為「武林打假第一人」。

也許有人會為中國武術辯解「真正的高手不會跟人比武」，問題是，這是無法被驗證的。差不多 30 年前有一部香港電影《拳王》探討過中國武術的實戰能力，故事講述兩個學拳年青人的心路歷程。師弟阿德自少跟隨父親學習中國武術，但感到在擂台上中國武術欠缺實戰力，於是到拳館學習泰拳；師兄阿明因一次拳賽慘敗，於是毅然到泰國學藝，經過更嚴格的訓練，提升實戰的能力。這部電影似乎暗示，實戰上泰拳比中國武術更厲害。

當然，我不是說所有中國武術都弄虛作假，只是容易被不學無術之輩用來「吹牛」，比如李小龍就是一個有實戰力的武者，如果你看過他的表演，就會發現他出手的確很快、很準和很有力。一方面他用了西方科學的方法來訓練自己，另一方面他的武術背後有很強的道家精神，他創立的截拳道學校的標誌就是以「以無限為有限，以無法為有法」這 12 個字圍繞着太極圖案。

個人認為，李小龍的精神比較接近老子，例如他說「所有形式的知識最終都意味着對自我的認知」，正呼應着老子講的「自知者明」。李小龍強調陰陽法則的應用，在格鬥的時候，不要用蠻力，隨對手的動作而動，順其自然，李小龍說「隨變化而變化就會形成不變的狀態」，充滿老子「正言若反」的味道。像老子一樣，李小龍也十分推崇水的智慧，水以自己的節奏，自然而然地越過各種障礙，逆境而動，戰勝逆境。1971 年，李小龍接受美國電視台的訪問，簡要說出水的哲學，那就是清空你的思想，像水一樣，

無形無相，水倒進杯子就成為杯子，倒進茶壺就成為茶壺，水能急流、緩行、沖擊，人要活得像水一樣。

難怪李小龍說功夫不僅是保護自己和強身健體，也是一種哲學和生活方式，能順應逆境，具有能屈能伸的智慧，並從錯誤中學習；功夫亦是一種理解世界和自己的方式，讓人不斷發展。理解對手的力量，不跟它對抗，反而運用它來化解對手的攻擊，面對困境時，人就可以像水一樣靈活。李小龍特別強調學習功夫是真誠地表達自己，這也是他創立截拳道的精神。我們通常將中國武術稱為「功夫」，但其實「功夫」一詞有着更廣泛的涵義，例如畫家有畫家的功夫，泡茶師傅有泡茶的功夫，功夫的意義在於由技入道。

由此可見，李小龍的功夫背後有着他的哲學和生活態度，將武術運動化可能會忽略這些精神；但其實我們也可以反過來看，就是將運動提升為一種哲學，一種理解自我的方式。個人認為，禪跟道家的精神很接近，有人說禪其實就是佛家裏的道家，有一本書叫做《射藝中的禪》，這是探討日本射藝背後的禪學精神。不過，禪比較強調「當下」，我認為這對運動員十分重要，很多平常練習有不錯成績的運動員，但在比賽的時候卻發揮得不好，主要原因是他們十分在乎勝負得失，比如說射十二碼罰球時就會有很大的心理壓力，如果能體會活在當下的無分別意識，就能專心一致，毫無牽掛，甚至會有超水準的表現。

中國武術的發展

商周時期	用「武舞」來訓練士兵
春秋戰國	戰爭促進了武器和武術的發展
秦漢時期	盛行角力和擊劍的比賽，也有宴樂舞劍的習俗
兩　晉	有練武口訣出現
唐　代	武則天設立武舉制，練武者可通過考試入仕
宋　代	出現了民間練武組織，也有武術表演
元明時期	出現了不同風格的武術門派，著名的有武當派和峨嵋派
清　代	清代禁止習武，民間以「社」、「館」等秘密組織傳授武術
民　國	武術定為體育項目之一

結語

運動是人生命力的表現，而運動作為一種遊戲，也最能彰顯人的
完整性，正如席勒 (Friedrich Schiller) 所講：「只有人在遊戲的時
候，他才成為一個完整的人。」我也發現，人在海灘游泳時所展
現的笑容是最美麗的。

作為職業運動員，始終會有生計問題；當然，若是成功的運動員
就不一樣。像演藝明星一樣，運動明星會拍廣告，甚至有運動員
轉型為演員（運動員的壽命不長）。對一般人來說，明星球員的
轉會費簡直就是天文數字，也許有人會覺得不公平，但在自由市
場，我們又不可以作出限制，自由市場的好處就是，每個人通過
努力都有可能獲取成功。不過，當運動變成了娛樂，就要取悅觀

眾，因為這已經是商品了，運動產品亦涉及龐大的商業利益。但無論如何，運動最重要的地方還是展現出那種奮鬥的精神。對運動員來說，也可通過運動達致深刻的體驗。

這其實是羅馬時代的複製品，真正的原作是銅鑄的，此雕塑《擲鐵餅者》（*Discobolus*）取材於當時的體育活動，刻畫運動員擲出鐵餅前一剎那的姿勢，使靜態的雕塑充滿了動感，加上運動員健美的身體，適當的比例，整個雕塑又給人一種和諧穩定的美感。如果我們拿這件雕塑跟早期的雕塑比較，其寫實性已到達了頂峰，可謂真與美的高度結合，難以理解的是為甚麼柏拉圖會對它視而不見。

《擲鐵餅者》（約公元前 450 年）

作者：米隆
原作物料：大理石
尺寸：152cm 高
收藏：羅馬國家博物館

旅行

旅行帶來靈魂的騷動。

記得小學第一次去旅行，竟然早一晚興奮到難以入睡，還頻頻要去廁所，其實那次旅行的地點不過是兵頭花園（現在叫動植物公園）；但對當時的我來說，這已是一個很新奇和離家很遠的地方。大學畢業之前，所謂旅行都不過是郊遊，在中文大學望過去對岸的烏溪沙，還是一片綠油油的，讀大學時我參加了獨木舟隊，常行的路線就是橫渡吐露港，在烏溪沙登岸吃「公仔麵」；但現在烏溪沙已變成了一個市鎮，香港能夠郊遊的地方也越來越少。

中世紀神學家奧古斯丁（Augustine）説，世界是一本大書，不旅行的人只讀了一頁。但康德明顯是一個反例，因為擁有豐富學識的康德其實從來沒有去過旅行，終其一生都沒有離開過自己的出生地柯尼斯堡，他的所有知識都來自書本。康德之所以不去旅行，我猜想有兩個原因，一個是他自少身體孱弱，旅行的話體力可能支持不到；另一個是他不願意因旅行放棄其嚴謹的規律生活。

除了有從來不去旅行的哲學家，原來也有完全否定旅行價值的哲學家，那就是羅馬時代的塞內卡（Seneca），他寫了一本書叫做《論旅行》（*On Travel*），認為旅行只不過暫時分散我們的注意力，實質對我們毫無好處，改變環境是不能改變自己的，唯有改變態度才能真正改變自己。不過，我卻無法同意塞內卡對旅行的看法，我還是相信「讀萬卷書不如行萬里路」，大學畢業之後，一有機會我就盡可能到外地旅行。

旅與遊

中國古文是以單字為主，比如説「道德」是一個現代詞，在古文裏，「道」是一個意思，「德」是另一個意思；「旅遊」也是一樣，原本「旅」是一個意思，「遊」是另一個意思。「遊」跟玩樂或悠閒有關，例如「遊玩」和「郊遊」；而「旅」的原意是軍隊，引申指

軍隊的編制，一旅是 500 或 2,000 人，由於要行軍打仗，後來旅又指涉行程，有明確的目的地，如「旅行」和「旅途」。「遊」跟主體的精神狀態有關，而「旅」則多涉及客觀事態的描述；旅客有風塵僕僕的意味，遊子卻是充滿詩意。

對於古代人來說，旅行其實並不休閒，也不是享受，因為沒有現代的交通工具，大部分旅者都是徒步的，要跨越高山和長河的阻隔，旅行英文「travel」這個字源於 travail，意思就是艱辛。在古代，長途旅行不但需要體力，也需要精神的力量，更要有重要和明確的目的，是甚麼原因促使年老的孔子周遊列國？為甚麼司馬遷要尋訪名山大川？又是甚麼力量令玄奘冒險偷渡出國，遠赴印度呢？

古人旅行的目的

孔子周遊列國	找一個從政的機會，重建當時禮樂崩壞的社會秩序
玄奘偷渡出國	立志到印度求學，將所學帶回中土，弘揚佛法
司馬遷訪名山大川	要寫一本傳於後世的歷史名作《史記》

「旅」有明確的目的和目的地，但「遊」卻不同，遊沒有外在的目的，它本身就是目的。正如前面所講，遊是一種主體的精神狀態，那是自由自在的，莊子的「逍遙遊」就最能表達這種精神的極致。所謂「遊山玩水」，旅行最好就是回歸自然，欣賞大自然的景色，正如陶淵明所講：「久在樊籠裏，復得返自然。」自然在道家思想中具有至高的地位，老子說：「人法地，地法天，天法道，道法自然。」或者可以這樣說，道本身是自然的，而大自然就最能彰顯萬物的根源「道」，道創生萬物，卻不主宰萬物，讓萬物

順其本性發展，所以在大自然中，我們可以感受到跟萬物和諧共存。在中國的傳統繪畫中，山水畫具有崇高的地位，它不是一般的風景畫，而是反映道家精神的繪畫，山水畫採用遠景的畫法，有所謂「三遠」：平遠、高遠和深遠，展示出道家的整體觀。例如北宋范寬的《谿山行旅圖》就是採用了高遠的畫法，畫中的人物隱藏於山林之中，也是融入於自然的景色，藉此表現出人跟自然和諧共存。

即使是強調道德和秩序的孔子，也十分重視遊的價值，根據《論語・先進》的記載，有一次孔子讓四位學生各言其志，孔子唯一表示贊同的就是曾點，曾點說了些甚麼呢？曾點講的其實是春遊：「暮春者，春服既成，冠者五六人，童子六七人，浴乎沂，風乎舞雩，詠而歸。」孔子將春遊視為理想社會的指標，只有在天下太平，人民安居樂業時，我們才能真正享受郊遊的樂趣，那正是孔子從政的目的。的確，如果生活不安定，三餐不繼的話，又有甚麼閒情去旅遊呢？

旅行的種類

一到假期，很多香港人就忙着離港度假，機場上擠滿了旅客，一排排旅行團等待出發。今天旅遊已十分普及，但在上世紀七十年代，對大部分香港人來說，出國旅行還是一件大事，幾乎所有親

友都會前來送機。近年雖然多了人自助旅行，但對很多人來説，旅行只是消閒和娛樂。現代旅遊業的先驅是英國人湯瑪士‧庫克（Thomas Cook），他在 1841 年發明了旅行團，成功創立了旅行社。我記得第一次去歐洲時，也有買 Thomas Cook 的旅行支票，但這間老牌公司卻於 2009 年倒閉，英國政府要將該公司滯留外地的 60 萬旅客送回家。庫克原是一位傳教士，有一次他忽發奇想，為勞動階層辦了一個乘火車前往禁酒大會的廉價旅行團，有 500 人之多，這次成功的經驗促使他開創了旅遊事業，宗旨就是為大眾提供休閒和擴展視野的機會。我們不妨稱這種現代旅遊業為「休閒式旅行」，近年大行其道的「郵輪旅遊」可以説是休閒式旅行的極致，郵輪就像一間會移動的豪華酒店，帶你暢遊世界。

如果沒有火車和飛機等現代交通工具，旅遊業也不會出現；不過，這並不表示十九世紀之前就沒有休閒式的旅行，但那幾乎是貴族的專利，法國宮庭畫家華鐸（Antoine Watteau）就畫了一幅貴族郊遊的畫，叫做《塞瑟島朝聖》（*Pilgrimage to Cythera*）。近年多了不少強調深度體驗的旅行團出現，將重點放在體驗文化歷史方面，不妨稱為「體驗式旅行」，但我認為體驗式旅行還是以自由行方式較為適合，因為體驗是少不了自我探索和冒險的成分，凡事精心安排跟體驗的自發性似乎有衝突，而且體驗式旅行必須融入當地的生活，那就需要較長的時間才有收穫。

除了休閒式和體驗式的旅行之外，我們還有不同種類的旅行，比方説「朝聖式旅行」，例如基督徒到耶路撒冷，回教徒到麥加，印度教徒到恆河。對基督徒來説，耶路撒冷是耶穌的出生地，這聯

繫到他們的信仰，如上帝創造世界、人有原罪和耶穌為世人贖罪等，是其人生意義和價值之所在。但朝聖式旅行並不限於宗教信仰，我就將自己首次的西歐之旅命名為朝聖之旅，因為藝術在我心中有着神聖般的價值，而西歐正是藝術的瑰寶所在。如果你極度喜愛米高積臣（Michael Jackson）的歌曲，那麼到他的墓地憑弔一番也可以是朝聖之旅。所謂「朝聖」其實就是鞏固我們自身的信念和價值，這樣說來，我們可以有各種形形色色的朝聖之旅。

另外，我們有「探險式旅行」，例如哥倫布的航海之旅，發現了新大陸，充分展現出人類冒險和求知的精神，沒有這種冒險的探索精神，人類也不會有發展和進步，美國人就最具有這種冒險精神，難怪在太空探索方面美國還是領先世界。最後，還有「流浪式旅行」，我認為這是一種最具哲學性和藝術意味的旅行，說有藝術意味，因為流浪是一種自我放逐，有其浪漫迷人之處；至於哲學性，因為流浪也是一種自我追尋，當流浪者無所依靠時，就能體會到作為主體的唯一性。其實人類在開始定居生活之前，過着一段很長時間的狩獵、採集和放牧的生活，那需要由一個地方移居到另一個地方，這也算是一種流浪的生活。

五種旅行形式

休閒式	注重休息，享受生活
體驗式	開放自己，擴闊視野
朝聖式	鞏固價值，強化信念
探險式	尋找刺激，挑戰自己
流浪式	自我放逐，自我追尋

以上討論了五種旅行方式，我最喜歡的還是流浪式，記得小時候跟爸媽吵架會離家出走，在外面「流浪」。當然，我的所謂「流浪」其實不出居所三條街的範圍，一面流浪，一面享受着自傷自憐；可是，人還是有着肉身，當飢餓時，就得結束流浪，乖乖回到家裏。到郊野露營一直是我的童年夢想，中學時儲錢很久才買得一個帳幕，可惜始終未能如願。

談到流浪式旅行，我想起了《流浪者之歌》，有幾個藝術作品都是以此為名，其中一個是音樂，另一個是文學；前者是西班牙作曲家薩拉薩蒂（Sarasate）作的一首小提琴曲 *Zigeunerweisen*，講的是吉卜賽人的流浪，故又名《吉卜賽之歌》，吉卜賽人正是一個四海為家的流浪民族。後者是德國小說家赫曼・赫塞（Hermann Hesse）所著的小說作品 *Siddhartha*，故事描寫主角悉達多自我追尋的歷程，由禁欲主義開始，經過自我放逐和感官享受，最後以追求知識及和平為其人生目的。

流浪者之歌

至少有四部不同媒介的藝術作品是以「流浪者之歌」為名。

音樂（1878）　西班牙作曲家薩拉薩蒂的小提琴作品
小説（1922）　德國小説家赫曼・赫塞所著的三部式文學作品
電影（1988）　導演埃米爾・庫斯圖里卡（Emir Kusturica）的作品（*Time of the Gypsies*），電影描述一個吉卜賽青年的成長故事
舞蹈（1994）　台灣現代舞團雲門舞集的現代舞作品（*Songs of the Wanderers*），改編自赫曼・赫塞的小説

旅行的意義

寫作此章時正值抗疫期間，大部分航班已停止，即使可乘飛機到外地，也要隔離檢疫多天，根本就去不了旅行。在這禁止旅遊的時期，最好就是反省一下旅行的意義。當然，對不同人來說，旅行有着不同的意義，也沒有所謂唯一正確的答案。以上一節所講的五種旅行形式為例，就有五種不同的旅行意義；但它們也並非互相排斥的，比如說我近年的旅行雖然以休閒式為主，但也有體驗式、朝聖式和流浪式的成分。

先看看現代旅遊業創始人對旅行的看法，庫克認為旅行可以消除我們自少被灌輸的偏見，促進人們互相理解，達致一個更美好的社會。不過，自他的兒子接替其位置之後，Thomas cook 就變成一般的商業機構，以賺錢為主要目標，並發展高檔次的旅行團，庫克最初那種旅遊精神已蕩然無存。

對於工作繁忙的人來說，旅行是一種休息，並給予活力；旅行可以讓我們逃離日常刻板的規矩生活，是自我的解放，也是自我的追尋，正是旅行具有多重功能，才會這麼吸引。但愛好旅行的愛默生（Ralph Waldo Emerson）卻說：「旅行是愚者的天堂。」這看似矛盾，我想他指的是一般意義的遊客，他們只想享受休閒的假期，不期望從旅行中得到甚麼智性或心靈上的收穫，遊客只想得到妥善的接待，依賴導遊解決各種問題。塞內卡對旅行的批評，似乎也比較適用於純粹的休閒式旅行，因為遊客根本就不想有任何改變。雖然我喜歡自由行，但有時卻不得不參加旅行團，一般

遊客都該有所了解。例如有一次跟團去九寨溝，團友一下車就忙着找景點的牌子拍照，還記得有一個景點叫做「蘆葦海」，非常美麗，我懷疑他們究竟有沒有細心欣賞。愛默生主張去旅行要有主動性，你必須把美帶在身上，才可以在旅行中找到美。同樣地，如果你本身不具備知識，去旅行也無法將知識帶回來，旅行是一種很「主體性」的活動。

對我來說，旅行帶來的新奇經驗其實是一個學習機會，旅行能提供豐富的資訊和不同的視角，讓我增廣見聞，開拓視野。理解他人，有助於理解自己；認識別的地方，亦可加深我們對自己居住地方的認識。舉個例，第一次去歐洲，真正體會到甚麼是優閒的國度，大部分餐廳下午都會休息，法國人吃飯要用上三個小時，維也納簡直就是一個時間停頓的城市；對比之下，就會反思我們習以為常的香港，其實是一個步伐急促，匆匆忙忙的社會。又例如，平時我們多從功利或實用的角度來思考，旅行時就很容易拋開這些東西，更能欣賞到事物的美。其實在我們居住的地方也有很多美麗之處，只是沒有用心，視而不見而已。

參加過幾次旅行團之後，清楚明白到旅人和遊客的分別。旅人不同於遊客，遊客是被動的，所有行程都被安排好，期望一切都舒適方便，不受陌生事物的影響；旅人卻是主動的，會放下既有的生活模式、習慣，甚至是成見，體現差異，尊重多元。能拋去自己的成見和習慣，也算是一種自我的成長。而我就好像是介乎旅人和遊客之間。

沒有價值	有價值
改變環境無助於真正改變自己	接觸多元世界能令人擴闊視野，拋棄成見，尊重差異
旅行的效果是短暫的，習慣會令我們打回原形	旅行是學習和成長的好機會

雖然旅行給我們全新感受事物的方式，也為我們帶來改變的機會；但別忽視習慣的力量，旅行回來不久，我們很可能會打回原形，重複過往的生活模式。這也可能是塞內卡説旅行毫無好處的原因之一，塞內卡的批評似乎呼應着羅馬詩人賀拉斯（Horace）所説：「那些匆忙渡海的人，只是改變了他們身邊的氣候，但並沒有改變他們的靈魂。」

每一次從外地回到香港，我都有點時空交錯的感覺，因為旅行時你慢慢習慣了當地的生活，變得熟悉，回到香港一刻，有點像夢幻和現實的交替，那種感覺很神奇，雖然是回到自己熟悉的香港，卻有一種新鮮的感覺。也許這就是旅行的另一個好處，可讓我們重新認識自己居住的地方。

我的旅行誌

對我來説，旅行有所謂矛盾性（當然不是邏輯意義下的自相矛

盾），既陌生又驚奇，既恐懼又興奮；因為一方面旅行可以給我新奇的經驗，但另一方面我又會對陌生的地方感到恐懼。的確，旅行有一定的風險，自古有云：「行船跑馬三分險。」為了減低對陌生的恐懼，我通常都會在出發前買幾本旅遊書，也可以增加旅行的樂趣。

我喜歡旅行，也喜歡畫畫，所以旅行時我會順道寫生。在大學的四年，幾乎走遍了香港的郊野，也留下了一大堆的寫生畫。大學畢業後，也展開了世界之旅。我的旅遊經驗大概可以分為三個時期，分別是中國時期、歐洲時期和日本時期，如果以第二節所講的五種旅行形式來劃分的話，中國時期的旅行是以體驗式和探險式為主，歐洲時期則以朝聖式和流浪式為主，至於日本時期，就是以休閒式為主，大概是人已經老了，很難像以往般揹着背包穿州過省。

顧名思義，中國時期去的地方就是中國內地，內地之旅主要是走訪名山大川，名勝古蹟，多數要坐長途車，可謂艱辛之旅。有一次我遊張家界，僱了兩名嚮導，走了兩天，還去了楊家界；有一次獨個兒去新疆，也是租車周圍去，現在真的難以想像當年會有這樣的「勇氣」。

第二個是歐洲時期，第一次獨個兒去歐洲就是為了「朝聖」，現在還清楚記得第一站是維也納，在青年旅舍放下背囊，就立刻去維也納國立美術館。以後每天都是早上九點出發，晚上九點才回住處，身體雖然疲乏，精神卻是飽滿，也不知道參觀了多少個藝術館、博物館和皇宮。在歐洲乘火車由一個地方到另一個地方，很

有一種浪遊的感覺,雖然沒有睡過火車站,但經常會在火車上過夜,一來可以慳時間,二來可以省卻住宿費;有時乘夜車過境,邊境人員會叫醒你檢查護照。

出外旅遊多年,幸好沒有遇上甚麼危險,但總有些小意外發生,奇怪的是,大部分都發生在歐洲。例如有一次在奧地利煙斯堡遺失了錢包,於是第一時間取消信用咭,之後到警局報失,原來有人已經將我的錢包交到警局,我想如果在巴黎或馬德里就不會發生這樣的事。在巴黎的聖心教堂、馬德里的藝術館和羅馬的梵蒂岡,我都曾遇上小偷,幸好沒有損失。也曾差點在雪山上遇險,那是瑞士的策馬特(Zermatt),那裏有一個馬特洪峰,每年都有很多人前去攀山,挑戰高峰。山下有一個墓地,埋葬了不少登峰遇難的人,墳墓設計很特別,比如有登山工具的雕塑。當然我沒有試圖攀上高峰,只不過是在山上畫畫,但錯過了最後一班纜車,只好嘗試走路下山,不過越走越發現不妥,因為路不見了,變成了要攀石而下,若失手就會掉下山。當時我想,如果跌死的話,不知道有沒有人會為我在山下建一個有畫具雕塑的墳墓呢?好歹也是第一個為畫畫跌死的畫家,突然間好像有一把聲音叫我回頭,心想留在纜車站過一晚,總比冒險下山好,於是回到纜車站。剛好當時有一工程纜車上山,我就這樣乘車平安下山,算是有驚無險。

第三個是日本時期,十多年前,我第一次去日本就喜歡了這個地方,自此差不多每年都會去日本兩次,每次乘飛機回港時,就會想想下次要去日本哪處。日本有很多好處,整潔、治安好、交

通方便、食物合乎口味，最重要的是日本有一種獨特的美感，而且四季分明，春天可看櫻花，秋天則賞秋葉；還有日本的溫泉，絕對是一種享受。日本東北有一個不老不死溫泉，一邊聽着海浪聲，一邊浸溫泉，完全融入大自然之中，那一剎的安然，就像是自我的消解，煩惱頓消。

由於去日本的次數比較多，體驗也比其他地方深。日本人工作比較專業，也很細心，例如餐廳的座位旁會放籃子，讓客人放背包或手袋。現在我去旅行，會預早在網上預約酒店，但以前我只會預約第一晚的酒店，其餘的會在當地 walk in，直接到旅館查詢。雖然花些時間，但也可視為體驗的一部分。在日本的郊野地區，當你到旅館查詢時，職員通常會用雙手在胸前做一個交叉的手勢，初時我以為是沒有空房，後來才發現原來是他們不懂英語；不過，現在日本人的英語程度已大有改善。參觀日本神社時，經常會碰到有人舉辦婚禮，原來在日本，佛教和神道教有明顯的分工，不只是婚禮，出生也會到神社接受祝福，葬禮則會在佛寺舉行；也可以說，神社負責生，佛教負責死，難怪神道教和佛教兩教能夠和平共處，因為沒有利益上的衝突。

旅 行 的 道 德

有人說，旅行時不僅是放假，連道德也會放假；不過，有些規則我們還是一定要遵守的。

第一條	吃飯要結賬，切勿順手牽羊
第二條	不要隨地小便，即使是郊外
第三條	切勿喧嘩，不要惹人討厭
第四條	泡溫泉時，切勿將頭浸入水中
(只適用於日本)	

對我來說，旅行還有一個特別的目的，就是尋找桃花源，找一個可以永久定居的地方；正如拍拖的目的，就是找一個可以終生為伴的人。經歷了這麼多年的旅行，有兩個地方我想過適合定居，一個是希臘的聖托里尼島，那裏有蔚藍的天空、明媚的陽光和深藍的海水，那一次旅行我有衝動幾乎要留下來，打算以畫畫為生。另一個就是日本的四國，跟日本其他地方比較，四國的鄉土味還很重，十分適合我。

如果可能的話，我會盡量選擇火車作為旅行的交通工具，一來火車比其他交通工具舒適，二來可以欣賞窗外的風景。一面望着移動的風景，一面自然地就會思考，看來眼和腦有着這樣的關連。我比較喜歡一個人去旅行，可以有獨處反省的機會，而且我要寫生，「獨行俠」會比較方便。其實結伴同行也不錯，有同行者會比較快樂，可以提供另一個視角，避免個人的偏見，當然，也要視乎同行者的質素。但最好是二人同行，太多人會易生麻煩。

結語

以往去旅行，總是要遊覽名勝古蹟，走訪名山大川，似乎忽略了人，現在回想過去旅行的片段，印象最深的還是跟人有關的，例如在立山黑部協助我下雪山的日本人，在比利時畫畫時給我中國茶的餐館老闆，在聖托里尼島唱片店詢問我香港九七問題的希臘人，想來應該多學些外語，那就可跟當地人有較多接觸。

一百年之前，要到外國旅行並非易事，現在科技縮短了距離，環遊世界已十分方便，而我相信隨着科技的進步，這個世紀內人類將會進行太空旅行，最初可能只是乘太空船遊覽一下太空和月球，然後就會在月球興建旅遊中心，月球變成了周末的度假勝地，慢慢亦會擴展到火星及其他星球，到月球和火星殖民相信有朝一日也會發生，人類甚至可以衝出太陽系，作長途的星際旅行。

正如在「藝術」那一篇所講，我相信輪迴轉世，人會不斷穿梭於現實世界和死後世界，這跟佛教的輪迴觀有點不同，比較接近柏拉圖的説法；換言之，我們的靈魂其實正是「永恆的旅者」。

跟旅行有關的名畫不少，但我比較喜歡的是霍普（Edward Hopper）的畫，霍普是二十世紀初期的美國寫實畫家，但那段時間是抽象表現主義當道，寫實的畫家完全被排斥。霍普畫了很多有關旅途的畫，大部分是一個人在旅館、火車和休息站等地方，主題明顯是「孤獨」，《293 號列車，車廂 C》（*Compartment C, Car 293*）正描繪一位女子獨自在火車上閱讀。在所有交通工具中，最適合讀書的就是火車，讀得久了，可看看外面的風景；火車上也適宜沉思，對我來說，自由行、火車和思考是最佳的組合。

《293 號列車，車廂 C》（1938 年）

作者：霍普
原作物料：油彩
尺寸：45.7 × 50.8 cm

閒暇是喜悅和希望。

閒暇

讀中、小學時我最渴望的就是假期，星期五放學是最開心的時候，原因是之後兩天不用上課；但到了星期天就有點失落，因為明天又要上學了。放假可以在家裏看卡通片，或是出外跟朋友玩，在我們那個時代，假期除了做功課之外，根本不用溫習、上補習班或是學習其他東西，真的是盡情地玩樂，跟現在的學生完全不同。不過，我最回味的還是無所事事在街上蹓躂，觀看身邊所發生的事，有一種很安靜自在的感覺。

閒暇可以定義為一種不用工作，能夠自由地支配時間的情況，但又可指一種無憂無慮、順其自然的精神狀態；前者是客觀的描述，後者則是主觀的體會。但「閒人」似乎是一個負面字眼，可以指無聊的人，就像孔子所批評那種「飽食終日，無所用心」的人。有一段時間我是過着頗為優閒的生活，大概平均每週只工作兩天，其他時間都無所事事，不知道自己是否孔子批評的對象。

但如果閒得來是自在的話，那不就是一種價值嗎？或是我們應該追求的狀態呢？後來我受儒家思想影響，人變得積極起來，比如說三年間就寫了五本書，但在優閒期的 10 年，只寫了兩本書。當然，寫書要講求質素，不可以數量來衡量，這例子不過是用來說明自己心態的改變，由優閒的道家轉向積極的儒家。

閒暇與工作

相信真正喜歡工作的人不多，就好像學生不願上課一樣；因為工作聯繫到責任，有一定的壓力，也有點強迫的意味，而且很多工作都是沒趣和令人疲乏的。據說在美國，星期一早上起牀摔死的機會率遠高於其他日子，相信這是工作壓力所致。

對學生來說，上課就好像是他們的工作，而學習也多是為了將來的工作做準備。雖然說工作也可以是自我實現的途徑，但對很多人來說，工作不過是為了賺取生存所需，如果不用為金錢煩惱的

話，相信不少人會選擇不工作，有大量時間做自己喜歡的事，那些所謂「有閒階級」不就是這樣嗎？他們擁有足夠的金錢，閒來就去旅行，過着寫意的生活。對還要工作的人來說，閒暇當然也很重要，因為可以休息，或是找些樂趣，紓緩一下工作的壓力，像充電一樣，這樣就有力量繼續工作。這麼說來，閒暇的目的好像是為了能夠繼續工作，工作則是為了生存；但亞里士多德卻認為，工作是為了閒暇，閒暇才是目的。

閒暇相對於工作，工作講求效益，有特定的目的，沒有人工作社會就難以維持，比如說沒有人給我開車，我就不能順利上班工作。閒暇則是超越效益，它是非功利的，閒暇讓我們整理自己的心靈，是一種無目的的目的。正如德國哲學家皮帕（Josef Pieper）在《閒瑕：一種靈魂的狀態》（*Leisure: The Basis of Culture*）一書所講，閒暇是文化的基礎。的確，如果古希臘沒有奴隸做勞動工作，也就不會有那麼多人可以優閒地思考，產生出成果豐富的希臘哲學。人類文明的推進主要來自思想和觀念的更新，而孕育這些思想和觀念的正是閒暇。如果說工作是為了獲取生存所需，閒暇則可以提升生命的質素。

如果在假期還在工作的話，那就是不理解閒暇的意義。的確，有很多人是工作至上的，幾乎每一天都在工作，可謂工作狂。我想工作狂大概可分為兩種，一種是想透過努力工作令職位和收入有所提升，這是追求實利；另一種是相信工作是人生目的之所繫，因為他們在工作中找到意義和價值，比方說受人尊敬。比起其他民族，日本人可以說是一個工作至上的民族，加班是常態，每年

還有不少人過勞而死，在現代民主自由的先進社會，很難想像還有這樣的事發生。日本社長自殺身亡的事件也很常見，因為一般的日本員工都很努力工作，如果公司倒閉的話，原因多數是社長領導不力，所以要負上責任。雖然我不贊成在這種情況下自殺，但也敬佩日本人的責任心，在 311 福島核電廠事件中，就有 50 位工作人員死守核電廠，也許這是日本武士道的傳統犧牲精神。

有些人似乎只有在工作中才能感到安定，一旦退休的話，反而會產生諸多問題，也許是缺乏享受閒暇的能力。但卻有一種人，他們需要不斷工作，才能夠維持生計，可能是正職之餘，還有好幾份副業，不是他們不想要閒暇，而是生活所迫，根本閒不了，但這樣跟奴隸又有甚麼分別呢？（當然，奴隸沒有投票權）為生活而忙，好像是無可奈何的事，但也有可能是社會的不公義所致。

雖然說上學是學生的「工作」，但上學跟真正的工作始終有分別，學習的責任也不及工作那麼重，工作得不好會被解僱，但成績差最多是留級。至於大學就更加不同，我認為大學是接近閒暇多於工作；首先，上課多數不用點名，沒有任何強迫性，我讀大學時「走堂」是出了名，大學容許你自由探索、自由思考、自由戀愛，總之就是自由自在（當然，也要自我負責）。對我來說，大學的價值就在於提供大量的閒暇，讓我思考人生的價值，說來有趣，閒暇的希臘原文是 σχολη，拉丁文是 scola，德文是 schule，即是英文的 school；換言之，閒暇的原意就是「學習和教育的場所」。

| 閒暇 | ▷ | 工作 | 工作為了生存 |
| 工作 | ▷ | 閒暇 | 閒暇帶來美好的生活 |

閒暇好像是很私人的事，但其實也有政治的涵義，英國哲學家羅素（Bertrand Russell）就認為閒暇賦予人獨立自主的空間，他針對的是當時法西斯主義對人的監控。

閒暇的要素

閒暇的英文是 leisure，這個字來自法文的 loisir，意思是「容許」，而法文這個字又來自拉丁文的 licere，英文的 licence 亦源自這個字；換言之，leisure 和 licence 是同源的，所以閒暇可以理解為許可，即自由地做自己想做的事。對於要工作的人來講，只有在假期才有閒暇可言，假期的英文是 holiday，即是 holy day，意思是神聖的日子，這是來自基督教，據說上帝用了六天創造萬物，第七天就休息，基督教後來將星期天定為安息日（猶太教的安息日是星期六），不要工作，現在星期天休息已經十分普遍。從這個角度看，假期裏我們應該超越功利性的思想，拋棄世俗的考慮，感受一下存在的根源。

再看看我們的假期，如新年、中秋、端午、重陽等，多數跟氣節有關，這是源於傳統的農業社會，在農忙之餘，大家就可在這些

節日休息一下，慶祝一番。從這個角度看，閒暇又有着節慶的要素，皮帕說，閒暇的核心正是節慶，節慶的意義在於體驗跟世界和諧一致，節慶通常有一定的儀式或活動，通過這些儀式或活動，我們彷彿回到根源（根源是神聖的），好像是重新開始，獲得力量。正如柏拉圖所說，眾神為了憐憫勞碌的人類，於是賜予他們不同的節慶，讓他們消除疲勞；也賜予他們靈感，在眾神的陪伴下恢復元氣。

談到根源，這有點宗教的意味，但並不表示只有宗教信仰的人才能夠領略，人先天就有回到根源的渴望，沒有特定宗教信仰的人也可以很有宗教性。當然，對被世俗污染得太深，或被功利束縛得太緊的人來說，的確是有點困難，失去了節慶的閒暇可能會淪為無聊或苦悶。

除了節慶之外，從皮帕對閒暇的說明中，我們還可以找到其他要素，如安靜和整全。皮帕特別推崇默觀的生活，默觀需要心靈的平靜，很多哲學家都主張心靈平靜，老子說：「致虛極，守靜篤。」快樂主義者伊壁鳩魯也認為，最高的快樂就是心靈的平靜；跟伊壁鳩魯學派敵對的斯多亞學派，亦是追求內心的安穩，不受外界的影響，可謂殊途同歸。閒暇給予我們安靜的空間，讓自我跟世界處於和諧的關係，心靈得以安頓。比如說假期時到郊外走走，聽聽大自然的聲音，如鳥鳴和蟲叫，就有一種安然的感覺，莊子稱自然的聲音為地籟，傾聽自然之聲可以釋放自己。

這也是一種超越利害、是非對錯，帶有審美性質的忘我狀態，就好像莊子在濠上說：「魚真快樂！」不同於日常生活的零碎經驗，

這是一種完整的經驗。雖然莊子只是獨自一人，但這種整全性可以不斷擴大，甚至達致「天地與我並生，萬物與我為一」的境界；或是宋明理學家陸九淵「吾心即宇宙，宇宙即吾心」的體悟。當然，這是一種很高的精神修養，一般人不容易達到；但在閒暇中，我們就有機會從割裂的人生回到這種整全性，感受到跟萬物和諧一致。的確，處身於大自然，我們最容易感受到這種整全性，由此可見閒暇的超越性面向。上一節提到，工作是為了達成某個外在的目的，跟效益有關；而閒暇以自身為目的，有一種當下性。很多人總是悔恨過去，憂慮將來，忽略當下；而閒暇正好讓我們體會當下，平衡一下工作上的過分競爭或過於保護自己，恢復人的本性，展現出同情心，能感受他人的痛苦，免於心靈的麻木，或許這也是閒暇的價值所在。

閒暇的要素

節慶	愉悅，連繫到存在的根源
安靜	傾聽內在和存在之聲
整全	跟萬物和諧共存，體會超越的可能性
當下	恢復人的本性

沉思與欣賞

以上討論了閒暇的要素，簡單來說，閒暇能使人活得更好，更符合人的本性。但究竟我們在閒暇時要做些甚麼呢？這沒有客觀的

答案，因為閒暇本身才是目的，而且閒暇表示我們是自由的，如果要規定閒暇時必須做甚麼就好像本末倒置，況且各人的經驗和喜好不同，也不能一概而論；但這並不表示做甚麼都沒有所謂，比如說利用空餘的時間兼職賺錢，或是幫子女補習，這些帶有功利性的活動都是有違閒暇的意義。雖然利用閒暇增進友誼、維繫社羣也不錯，但重點還是自己，重整心靈，自我安頓。

對於「閒暇時應該做些甚麼？」這個問題，亞里士多德建議我們可以思考哲學問題，或追求其他美好的事物，正如前三篇的主題，藝術、運動和旅行，都是適合閒暇的活動。我個人比較喜歡在閒暇時獨處，出去散散步；對於哲學家來講，最好的運動就是散步，一邊散步，自然就會一邊思考，我想是散步帶動了思考。德國的海德堡有一條「哲學之路」，據說是因為海德格（Martin Heidegger）經常在此散步而取名的，我當年歐遊去過海德堡，卻找不到這條哲學之路。幸好日本京都也有一條「哲學之道」，那是因為西田幾多郎經常在此散步而命名，每次我去京都，都會到哲學之道走走，追隨一下西田幾多郎的腳步，看來德國和日本都是重視哲學思考的國家。

當然，我不是甚麼哲學家，也不一定要思考甚麼特定的哲學問題。但人獨處時很自然就會思考，就像是跟自己說話一樣，那是跟內在自我的對話，有時我發現身邊無人的時候，甚至會自言自語。當你獨處的時候，面對的就是你自己，這種對話就像是整理自己的心靈，也似是跟世界整體和宇宙根源有所接觸。總之，這是一種愉快和充實的經驗；不過，在旁人看來，你或許就像是

一個孤獨的傻瓜。這種思考不是我們平時講的理性思考，即重視釐清概念和推論的思考，更像是跳躍式的思考，或是直觀式的思考，有時你凝視着山林或是甚麼，若有所思之際，忽然會靈光一閃，獲得某些想法。

兩種認知方式

中世紀神學家阿奎那 (Thomas Aquinas) 主張兩種認知方式，一種是理性，另一種是理智。

理性	推論思辨	主動性，經過努力	工作
理智	簡單直觀	接受性，不勞而獲	閒暇

人獨處的時候，需要將自己從世俗的關係中抽離出來，這樣才能夠面對內在的自我和整體的世界；當然，更高的境界是隨時隨地都可抽身出來，正所謂「身在廟堂，心在山林」。也許我本身有一種離羣獨處的性格，說來有點奇怪，我是十分享受孤獨的；不過，對某些人來說，獨處是很難耐的，也許是不能甘於寂寞，或是他們只能從人的交往中才能找到自我。也許面對自己不是一件容易的事，所以很多人一有空閒就會感到無聊，甚至害怕起來，他們盡可能會找些消遣來打發時間，但這就錯過了面對自己的好機會。儒家十分重視慎獨，即一個人獨處的時候，要更加照顧好自己的起心動念，亦即是《金剛經》講的「善護念」。前幾年我跟藝術系的同學參加了一個 30 週年的紀念聚會，會上班長說我是一個愛好獨處和自足的人，雖然帶有嘲諷性，但我十分欣賞這個觀察。

獨處與交往

人是社會的動物，需要與人交往，但通常我們會採用實用和功利的角度，只有在閒暇時，才能跟人有真正的交往，建立友誼。

獨處　面對自己和整體的世界
交往　跟他人建立真正的友誼

閒暇讓我們有機會欣賞身邊的一切，特別是欣賞藝術。本來在閒暇創作藝術也不錯，柏拉圖說藝術創造跟閒暇一樣，也是源於崇拜活動，藝術家的靈感是來自繆思女神，閒暇從事藝術創作，那是多麼的契合。即使不相信神靈賜予靈感之說，人處於輕鬆的狀態，靈感也特別豐富，閒暇可說是創造的根源。

不過，對於大部分人來說，創作藝術較欣賞藝術困難，因為一般藝術是由技入藝，要先充分掌握技巧就非一段長時間的練習不可。談到創作藝術，藝術家固然是專家，但若以此為職業的話，又是否會出現工作和閒暇的對立呢？作為一種工作，必有功利性的考慮，例如鋼琴家每年要演奏一定的場數，小說家要趕在截稿前交稿；但藝術創作卻不應受時間的限制，保羅‧塞尚（Paul Cézanne）的一副小小風景畫，往往畫了整年也未完成；貝多芬（Beethoven）第九交響曲的主題，構思了 10 年之久；我有幾張畫，超過 10 年都未完成，不過也許是懶惰之故。

有人說，藝術欣賞也是一種創造，指的是欣賞藝術時，我們不是被動地接受，而是主動地參與，包括情感的表現和意義的生成，使心靈得到解放，自由得以彰顯，正如在「藝術」那一篇所講，

在藝術中獲得的自由是最高的自由。在我們的日常生活中，經驗是片斷和零碎的，但審美經驗卻不同，審美經驗是完整的，審美經驗能使情感得到淨化，帶來愉快，令人獲得個性和真實性。而在藝術欣賞的時候，我們需要專注，感官會變得敏銳，這些都使得我們成為一個更完整的人。在資本主義的社會中，分工使很多人不能在工作中得到情感的滿足和創意的發揮，在工具理性的主導下，一切都講求效率，抑制了感性能力的獨立發展，欣賞藝術可使人重獲完整性。

在中國傳統文化中，閒暇跟功夫有一種緊密的關係，在「運動」那一篇提到功夫取其廣義，傳統中國人在閒暇會下棋、打太極、寫書法，所謂下功夫就是要花很長時間鍛鍊才有所成。宋明理學更將功夫提升到修身的層次，甚至有本體的意義，如清初思想家黃宗羲所說：「心無本體，功夫所至，即其本體。」

閒暇的異化

在傳統的社會，一般人都忙於工作，只有貴族才佔有大量的閒暇；當資本主義興起之後，資產階級代替了舊有的貴族，成為閒暇的擁有者；馬克思預言在未來的共產主義社會，不但沒有階級存在，所有人還可以享有大量的閒暇，每天都可以做自己喜歡的事，例如早上打獵，下午作詩，晚上讀柏拉圖。

也許馬克思的理想距離太遠,還是讓我們回到現實。在經濟主導、講求工具理性的現代社會,閒暇正受到威脅,正如著名社會學家韋伯(Max Weber)所講,現代化是一個世界解咒的過程,神聖的事物退隱,價值變成了主觀的選擇,只剩下工具理性,理性只能判定達到目的的最有效手段,至於要達致甚麼目的,理性卻是無能為力,於是在資本主義的社會,這就被經濟效益佔據了,連閒暇也變成了消費。

在現代社會,資產階級代替了過去的貴族,成為了有閒階級,但他們缺乏貴族的品味,唯有以消費來確立身分和地位,美國社會學家范伯倫(Thorstein Veblen)稱之為「炫耀性消費」,在范伯倫的《有閒階級論》(*The Theory of the Leisure Class*)一書中,充滿閒暇的生命是令人羨慕的,因為它就是最美好的生命,閒暇也變成了身分的象徵。此書於 1899 年出版,現在工人階級的生活已大大改善,也比以前享有更多閒暇,當然,跟完全不用工作的有閒階級相比,還是有很大的距離。對勞工階層來說,閒暇不過是一種補償,其意義是消極的,不過是讓你有充分的休息,那就能更有效地工作,維持着資本主義的體制。在資本主義主導下,閒暇也變成了產生經濟效益的工具,我稱之為「閒暇的異化」。現在很多節日都被商業化,商場也越來越多,閒暇最好就是去消費。或許有人說,消費也不過是滿足我們的需求,這有甚麼問題呢?問題是,產品之所以不斷推陳出新,並不是我們真的有這個需求,試想想,那些不停更新的電腦和手機產品,你真的需要這些新功能嗎?我們消費的不過是「時尚」,恐懼落伍而已。資本主義制度就是靠這個不斷生產和消費的模式來維持。

過往屬於非經濟的領域，現在已被經濟入侵，德國哲學家哈伯瑪斯 (Jürgen Habermas) 稱之為「生活世界的殖民化」，生活世界本來是我們互相理解的場所。當然，金錢和權力能促進社會的發展，自有其價值，但生活世界一旦被金錢和權力主導，人就被工具化了。舉個例，大學本來是讓學生探索價值和意義的場所，從這個角度看，人文學科有着重要的角色，但現在已被邊緣化，連學科也講求經濟效益，大學也漸漸變成了職業訓練所，最近澳洲還打算大幅度增加人文學科的學費，減低那些可馬上就業理工學科的學費，目的就是迫使更多人去修讀有經濟效益的學科。即使是注重保存文化價值的藝術館，現在也要講求經濟效益。

這似乎是一個死胡同，要對抗經濟效益和工具理性，我們需要閒暇，但閒暇卻被商業入侵，變成了消費，失去了其價值和意義。過度消費還帶來污染環境的問題，想想旅遊業對生態環境的破壞。如果在假期只管消費，藉消費炫耀自己的身分地位，那真是糟蹋了閒暇。當然，我們總可以從個人層面做起，提防閒暇被消費佔據。即使是消費，也可以有主動性，從消費中彰顯我們的理念，例如光顧那些注重環保的企業，罷買那些生產過程中會污染環境的產品，只要理念清晰和人數夠多，也可以有一定的成效。

惡性循環

閒暇被資本主義吸納，造成惡性循環。

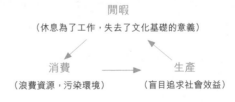

以經濟效益為主導，人只會變得功利和短視，社會需要遠景，人生需要希望。本來宗教就承擔着終極的價值和意義，但在世俗化的社會，宗教只是個人的選擇，屬於私人領域，閒暇的宗教意味也變得十分薄弱，看來宗教也需要更新才能符合時代的需求。

三種閒暇的異化

馬克思說在資本主義社會，工作上產生三種異化，讓人喪失自主性。我認為在現代社會也存在着三種閒暇的異化。

閒暇變成了消費	失去了節慶的意義
閒暇變成了社交	失去了獨處的時機
閒暇變成了娛樂	失去了細心的欣賞

結語

在講求效率和工作至上的社會，哲學和藝術是沒用的；但哲學和藝術之用在於無用之用，這是大用，那就是理解、探索和體會存在的根源和意義，推進人類文明的發展，正如亞里士多德所說：「為了人類社會更完美，我們需要有些人過無用的默觀生活。」人是精神性的存在，但工作卻局限着我們的世界，幸好有閒暇提供超越的出路。

除了學生之外，另一類擁有閒暇的就是退休人士，隨着醫學的進步，我們的壽命也會越來越長，據說人類的壽命可長達 120 歲，

假設在未來 50 年，人類的壽命平均可達 100 歲的話，算 65 歲退休，就有 35 年的閒暇，究竟要做甚麼，或可做些甚麼呢？以前有所謂七十古來稀的說法，孔子的教誨也只是到七十為止；但現在已明顯不足，因為八、九十歲是常態，看來我們正需要超過七十歲的人生格言。

十六世紀意大利思想家康帕內拉（Tommaso Campanella）預言隨着科技進步，未來社會的人每天只需工作四天，每天四小時。看現在科技的發展，我相信這個預言會在未來 300 年內實現，這個時候我們就會有大量的閒暇，如何善用閒暇就是一個很重要的問題，也許不少人會沉迷於享樂之中，變成了退化的靈魂。不過，對我來說，這絕對不是一個問題，閒暇越多越好，因為可以有大量時間來思考和作畫，希望 300 年後我可再轉生到這個世界。

秀拉（Georges Seurat）屬於新印象主義，利用原色來作畫，以點描的手法讓原色在視網膜混合產生其他顏色，例如藍色和紅色混合成紫色，所以又叫做「點彩派」。這種繪畫方式產生一種寧靜的秩序，空間像是凝固下來，連時間也彷彿停頓了，人也像雕塑般莊嚴，有一種當下的永恆感覺，加上《阿尼埃爾浴場》（*Bathers at Asnières*）此畫描繪的是浴場，個人認為，最適合表達閒暇這個主題。

《阿尼埃爾浴場》（1884 年）

作者：秀拉
物料：油彩
尺寸：300 × 201cm
收藏：英國倫敦國家畫廊

社會

實現。美好人生只能在社會中

中學時要讀很多英文故事書，例如《湯姆歷險記》（*The Adventures of Tom Sawyer*）、《聖誕述異》（*A Christmas Carol*）、《苦海孤雛》（*Oliver Twist*）、《基度山恩仇記》（*The Count of Monte Cristo*）等，而我最喜歡的是《魯賓遜漂流記》（*Robinson Crusoe*）但當時不知道為甚麼，也許我比較喜歡一個人靜靜地獨處。不過，要像魯賓遜一個人生活，單靠自己解決生活的問題，對我來說，不但困難，簡直就是不可能。現實世界真的有人做到嗎？答案是有的，幾年前就有一個流落在孤島 10 年的人獲救，可謂現代魯賓遜，但相信只有極少數的人可以在這種環境下生存。即使有人能夠在荒島獨自生活，也只能過一種十分簡單的有限度生活，例如他只可以捉魚來吃，或採摘野果，飲用雨水，當然也沒有娛樂。

的確，人要生活得更好，就必須互相合作，組成社會。但亦有唱反調的哲學家，例如十八世紀的法國哲學家盧梭（Jean-Jacques Rousseau）認為，在未建立社會之前的自然狀態中，每個人都過着自由自在的獨居生活，人的本性是善良的，也會同情他人；但後來出現了婚姻及私有財產的觀念，人就開始墮落，變得自私。政府成立的目的正是為了保障婚姻和私有產權，之後人類就進一步被法律、教育和文明所腐化，在盧梭的角度看，人類的罪惡其實是社會的產物。當然，盧梭所講的自然狀態只是一種很原始的生活方式，人只能過着狩獵和採集的生活。

在哲學上，極端總會碰上極端，十七世紀的英國哲學家霍布斯（Thomas Hobbes）對於自然狀態就有不同的描述，他認為在自然狀態中沒有任何規範，人人都可以為所欲為，這其實是一種每個人都跟他人為敵的狀態，生命可謂朝不保夕，而人亦只能活在恐懼、孤獨和絕望之中。由於人有理性，所以會協議停戰，訂立共同遵守的規則，這樣大家就可以追求更大的利益，而道德或法律也不過是我們的協議而成。

社會規範

人要在社會中生活，就得遵守某些規則，這些規則可以是習俗、道德、宗教或者法律。在一些沒有政府的原始社會，或是政府

管不到的傳統社會，通常是依靠習俗、道德或宗教來維持社會秩序。有時這三者也不容易區分，有些道德是源自習俗，但在某些社會，道德卻是依附於宗教。一般來說，習俗比較廣泛，而道德則涉及特定的行為，比如說傳統中國人過農曆新年會說祝賀的話，不遵守這個習俗可能會令人覺得古怪，但不致於厭惡；但違反道德就不同了，會受到嚴厲的指責（當然，人家請飲不按習俗做「人情」也會遭指責）。另外，很多習俗只是傳統累積而來的習慣，背後可能沒有甚麼理由可言；但道德就不同了，道德具有理性的成分，我們可加以反省和作出批判。

至於法律，那是城市的產物，由於城市有來自不同地方的人，而且人口龐大，必須用法律來維持社會秩序。法律跟習俗和道德不同，法律是成文的，由政府頒布，好讓大家認識和遵守；但法律有時也建基於習俗和道德，例如「普通法」就是了。違反法律會受到懲罰，懲罰具有阻嚇作用，是使用外力令人服從規範；道德則不同，道德要求我們自我約束，有較強的自律意味。孔子認為懲罰只能令人不敢犯罪，但對於提升人的德性沒有甚麼幫助。當然，我們有時之所以遵守道德，也可能是害怕給人講閒話；要做到完全自律並不容易，即使是孔子，也要到了70歲才做到從心所欲不逾矩。我認為法律應建基於道德，這有兩個意思，第一，如果法律是違反道德的話，就要更改或廢除，例如支持種族歧視的法例；第二，有些道德必須用法律來維持，例如殺人是不道德，也要受到法律的禁止，但並非所有違反道德的行為都必須受法律的監管，例如通姦和說謊。

| 法律 | 外力懲罰 |
| 道德 | 自我約束 |

無論是道德還是法律的規範，都是用來協調我們的行為，解決各人利益上的衝突，令大家可以和平共處。但有時制定這些規範的人，卻是藉此維護自身及其族羣的利益，舉個例，中國自宋代起，出現了一種女性要「纏小腳」的規範，這不就是男性對女性的壓迫嗎？所謂「三寸金蓮」，除了滿足男性的特殊「美感」之外，也是要使女性行動不便，防止她們「潛逃」。其他如男人三妻四妾、女子無才便是德、女子必須三從四德等等規範，全都是限制女性的發展，維護男性的利益。由此可見，社會規範不一定是公正的。又例如上世紀六十年代美國民權運動要反對的種族隔離政策，白人和黑人要分開居住、禁止黑人進入某些地方、在公車上黑人要讓座給白人等等，這些都是制度化的歧視，面對制度化的不公平，也只有改變制度才有望消除歧視。

烏托邦 vs 無政府

有人認為，要消除不公平，唯有建立完美的社會，此所謂烏托邦。十六世紀英國湯馬斯・摩亞爵士 (Sir Thomas More) 是第一個使用英文 utopia 這個字的人，在他所寫的《烏托邦》(*Utopia*)

中，那是一個沒有私有財產、人人平等的共有社會，在計劃經濟下，人民從事農業和手工業。烏托邦思想多主張平等的共產制度，例如英國內戰時出現的「掘土派」就認為私有財產令人墮落，只有解決財富不均的問題，才可以消除人性的貪婪和嫉妒。又例如反對工業革命的十九世紀英國藝術家威廉・莫里斯（William Morris），他在《烏有鄉的消息》（*News from Nowhere*）一書也有類似的描述，主張回歸自然，過着人人平等的田園生活。

烏托邦主義者相信，人是能夠超越個人私利，追求人類共同利益。數到最有影響力的還是馬克思的共產主義，這個曾經捲席半個地球的思想，最初也是源於一種追尋烏托邦的精神，以為只要推翻資本主義，就能實現共產主義的天堂。可是，事實剛好相反，以為人可以做妥善的規劃，實現完美的社會，結果反而給人類帶來巨大的災難，天堂一下子變成了地獄。看來烏托邦的問題是，假定了有、而且只有一個共同的理想，並且不惜任何代價，要求社會所有成員合力實現。

無政府主義也可以是某種意義下的烏托邦，因為對無政府主義者來說，理想的社會正是沒有政府的。無政府主義者認為，無論是哪種形式的政府，最終都會侵害我們的權利，法律不過是政府用來壓迫人民的工具，所以在道德上政府是不應該存在的。沒有政府和法律，人反而會生活得更好，因為人本性善良，有能力自我管治。多數無政府主義者都崇尚自由，正如美國的高德曼（Emma Goldman）所說：「人不但要擺脫政府的束縛，心靈上也要擺脫宗教的束縛，身體上則要擺脫財產的束縛。」最有影響力的無政府

主義者是十九世紀法國的普魯東（Pierre-Joseph Proudhon），他在《甚麼是財產？》（*What is Property?*）一書中寫到反對財產權，因為財產是剝削的根源，但也不同意共產主義，他主張人有權擁有土地和工具，透過生產和交易，建立互助互利的社會。

普魯東的思想影響了後來的各種無政府主義，其中有一種比較特別，就是主張用暴力推翻政府的無政府主義，代表人物是俄羅斯的巴庫寧（Mikhail Bakunin），他在二十世紀初發動了一連串暗殺政要人物的行動。但巴庫寧主張的是集體主義，後來結合共產主義，演變為無政府的共產主義，這已經遠離了崇尚自由的無政府主義。我很懷疑這種主張武力的無政府主義會否成功，因為推翻現有的政權後，這支武裝力量很有可能變成了新的政府。

烏托邦 vs 無政府

	烏托邦主義	無政府主義
主張	理想社會	不需要政府
重要的價值	平等	自由
人性	人可以超越自利，追求公利	人性善良，可以自我控制
問題	容易淪為極權統治	容易產生失序和混亂

我認為烏托邦和無政府主義都有一個共同的問題，就是對人性過分樂觀。烏托邦主義認為人可以超越利己之心，而無政府主義則相信人會自發地遵守秩序。事實上，以追求烏托邦為名的思想，往往會導致極權專制的政府，因為既然所追求的是完美的社會，其他阻礙建設烏托邦的東西（包括人）都應該清除。也許著名的科幻小說作家威爾斯（H. G. Wells）說得對，真正重要的不是要

建立完美的世界，而是令人變得美好。至於無政府主義，也似乎從未成功實踐，沒有政府維持社會秩序，最終也會導致失控和混亂，人性並非那麼美好。雖然盧梭的思想有點像無政府主義，但他認為我們是不可能回到自然狀態，政府是必須的。

諾齊克的批評

美國哲學家諾齊克 (Robert Nozick) 雖然是一個極端自由主義者，但他並不贊同無政府主義，亦反對烏托邦主義。

對烏托邦的批評	真正的「烏托邦」不是建立一個共同理想，而是各人根據自己的性情、能力和喜好作出選擇，使不同的理想得以實現
對無政府的批評	並不是所有政府都會侵害我們的自由，只要我們將政府權力限制到僅僅維持社會秩序，做好守夜人的角色，這就是最低度的政府

懲罰與管制

要維持社會秩序，保障市民的權益，就不得不對罪犯施以懲罰（因為懲罰有阻嚇作用）。有人認為，犯罪是對政府的挑戰，高犯罪率正反映管治的失敗。這種說法雖然有點誇大，但也有一定的道理，因為政府的主要職責是保護市民，維持治安，而大部分犯罪都直接危害我們的生命和財物。反過來說，一個犯罪率很低的社會是否就一定好呢？那也不一定，例如在極權統治的社會，施

以嚴刑峻法，犯罪率也可能很低，但一個沒有自由、平等和人權的社會，會是一個好的社會嗎？

實際的犯罪數字往往都比公布的為多，因為有很多受害者都沒有報案，例如強姦和家暴；沒有受害者的犯罪也很少被揭發，如賣淫和持有毒品。要打擊犯罪，就要先知道犯罪的原因，有人說貧窮是犯罪的主因；那麼，消除貧窮就可以消除因貧窮而起的罪案。當然，犯罪還有其他原因，如罪犯出身破碎家庭，缺乏關懷，或者年少時受到虐待等，所以有人視罪犯為病人，他們應該接受治療，而不是懲罰。孔子也不贊成使用懲罰，他認為培養人民的品德，令他們有羞恥之心，那就不會犯罪，好過用懲罰來阻嚇他們犯罪。不過，我認為兩種方法都應該使用，正如法國哲學家孟德斯鳩（Montesquieu）所說：「以懲罰來防止罪惡，以榜樣來樹立風尚。」況且懲罰還有別的意義，那就是報償，犯罪者對社會造成損害，懲罰他們就是報償，這才合乎公正，即使懲罰沒有任何阻嚇作用。

懲罰一個人就是要傷害他，刑罰本質上是違反人的基本權利（基本權利不是絕對的），死刑就是侵犯人的生命權，監禁就是侵犯人的自由權利，而罰款則是侵犯人的財產權利。有「趣」的是，為了保障人的基本權利，我們必須透過法律，傷害罪犯的基本權利。很明顯，刑罰是一種惡，所以我們要為刑罰提出理據，以上所講的阻嚇和報償就是理由，分別稱為「阻嚇論」和「報償論」；此外，還有「改過論」，懲罰罪犯的目的就是要令他改過，因為痛苦能令人反省，激發其內在求善改過之心。

報償論	罪與罰要成正比，如隨地拋棄垃圾只判罰款，但嚴重傷人就要判監
阻嚇論	刑罰要有阻嚇性，當某些罪行很多人犯的時候，就需要提高刑罰
改過論	刑罰的目的是使罪犯改過，如果罪犯表現良好，就不需要使用刑罰
▷ 緩刑	暫時不執行刑罰，給予罪犯一段時間，如果不再犯罪，原來的判刑就會失效
▷ 假釋	若罪犯在服刑期間表現良好，就可暫時提前獲釋，在一段時間內不再犯罪，亦當刑罰的執行完成

不過，甚麼行為需要管制，每個社會都可能有差別。在民主自由的社會，有一個管制的最低標準，就是不傷害他人，任何傷害他人生命、自由和財產的行為都必須禁止，這就是為甚麼殺人、禁錮和偷竊都是刑事罪行，違法者必須懲處。那麼，仇恨言論、色情物品和賣淫又是否需要管制呢？

對於仇恨言論，在美國是屬於言論自由的範圍，受到憲法保障，立法限制仇恨言論是違憲的。但在歐洲大部分國家，由於受過納粹主義煽動仇恨言論的惡果，所以仇恨言論是受到法律的限制，甚至連「否認納粹屠殺猶太人」的言論也屬違法。如何定義仇恨言論也是一個問題，當然，像納粹的種族清洗言論就一定是，但只是褻瀆、侮辱、嘲諷某個種族或宗教又算不算是仇恨言論呢？種族 / 宗教仇恨或種族 / 宗教詆毀的言論很明顯是一種冒犯，也有可能造成間接的傷害。但我們也要注意詆毀和批評的分別，因為不少人將任何批評其種族或宗教的言論都當成是詆毀。有人認為，限制仇恨言論的關鍵在於仇恨言論會否助長暴力的行為，帶來實質的傷害。另外，仇恨言論或會有損個人的尊嚴和名譽，這也是限制的理由。有時這些冒犯的言論可能會引起對方的報復，

例如 2015 年的「查理事件」,「查理」(*Charlie Hebdo*) 是一份法國週刊,因為刊登了嘲笑穆罕默德的漫畫(他們也有刊登嘲笑耶穌的漫畫),結果引發了極端伊斯蘭教徒的報復行動,血洗《查理週刊》。

至於色情物品,贊成全面禁制的人認為,這類電影和刊物充滿着男性壓迫女性的意識形態,例如強姦和性虐待,女性只是男性的洩欲對象,而長期使用色情物品更會令男性性欲高漲,增加了性犯罪率,危害社會。但反對者則認為,性是人的基本需要,透過使用色情物品來滿足性需要,沒有傷害其他人,所以不應限制人這方面的自由,反而色情物品能降低性犯罪率,因為性欲得到宣洩。色情物品跟性犯罪的關係難以確定,至今未有充分證據,但至少要禁止未成年人士使用色情物品,因為他們心智尚未成熟,要保護他們免受不良影響。另外,色情物品也不能在公共場所展示,因為會令其他人感到憎惡和討厭,有冒犯性。

賣淫是人類最古老的行業,有人認為那不過是你情我願的公平交易,只要不傷害其他人(但如果嫖妓者已婚,對妻子可能就有不忠或欺騙的問題),旁人根本無權過問,所謂「男盜女娼」,將賣淫跟盜賊看齊,根本就是職業歧視。另外,賣淫也有其社會功能,第一,滿足了男性的性慾需要,由於性慾是一種自然而強大的慾望,如果沒有宣洩的渠道,很多人都不能自制,也可以說,賣淫間接保護了良家婦女;第二,賣淫為某些女性提供就業的機會,令她們的生活得以改善。有趣的是,同是主張民主自由的瑞典和荷蘭,對於娼妓問題的處理方式卻完全相反,在荷蘭,娼妓

不但合法,還被視為專業,娼妓也要納稅;但在瑞典,娼妓是對女性的歧視,賣淫是法律所禁止的。

管制的理由

傷害原則	傷害身體、自由和財產的行為
冒犯原則	冒犯性嚴重的言行,例如仇恨言論
公共利益	破壞社會秩序
個人權益	損害個人的尊嚴和名譽

美好人生

儘管社會並不完美,也充滿各種罪惡和不合理的規範,但身處社會總好過一個人在荒島過活,因為社會可以滿足我們的需要,比如說飢餓了,可以去餐館吃東西;生病了,可以去看醫生;想找些娛樂,可以去看電影;有心事的話,亦可以找朋友傾訴。但社會只是僅僅滿足我們的生理和心理需要嗎?有沒有其他更有價值的東西呢?亞里士多德認為有,那就是實現美好的人生。

亞里士多德說人是半神半獸,人一方面有理性,另一方面也有動物性;但神和動物都是獨居的,只有人需要羣居。人很自然組成家庭,家庭聚集成為村落,村落再發展為城市,在亞里士多德時候的古希臘,每一個城市就是一個國家,此之謂「城邦」。亞里士多德認為,每一種事物都有其目的,例如法律的目的是正義,

醫療的目的是健康，要認識事物的目的，就必須找出其本質，因為事物的目的就在於實現其本質；換言之，要知道人生的目的，就要找出人的本質。甚麼是人的本質呢？亞里士多德給人的定義正是「理性的動物」，人和其他動物的分別就在於人有理性，其他動物沒有，理性正是人的本質；所以，人生目的就是充分發展人的理性，成為一個有智慧和品德的人。他指出，理性可以幫我們判定何謂品德，那是處於兩個極端的中間，例如勇敢就處於魯莽和懦弱中間，太多是魯莽，太少則是懦弱。

從這個角度看，美好人生就是成為一個好人，好人即是擁有好品德的人。無論中外，古代社會都有類似的主張，儒家稱這種理想的人為「君子」。但對於現代社會來說，美好人生卻有不同的意思，那就是實現人的潛能，發展每個人的獨特性。從這個角度看，美好人生並沒有固定的答案，因為每個人的潛能和個性都不同，有人想成為傑出的藝術家，有人想做出色的運動員，有人則想做成功的商人，甚至有人渴望成為總統。為了區別起見，我將古代意義下的美好人生稱為「自我修養」，而現代意義下的美好人生則叫做「自我實現」，當然，兩者並不排斥，你既可成為一個有品德的人，也可以實現個人的潛能，而且有些品德是有助潛能的實現，例如智慧、勤奮、勇氣、忍耐、謙卑等等。

美好人生的意思

傳統社會	自我修養：發展良好的品德	
現代社會	自我實現：實現潛能和個性	
一般人	得到財富、健康、家庭、事業、名譽、地位等	

不過，這種自由主義式的「自我實現」近年遭到社羣主義的強烈批評，例如桑德爾（Michael Sandel）所著的《自由主義與正義的局限》（*Liberalism and the Limits of Justice*）就是針對洛爾斯（John Rawls）的《正義論》（*A Theory of Justice*）而作，而洛爾斯則是繼承自由主義傳統的代表人物。從社羣主義的角度，自我其實是社會化的產物，我們的喜好和價值都受社會所影響，而自由主義的問題就是將自我化約成只有選擇的能力，視社會為達成人生目標的工具，這麼一來，友誼和家庭等價值就難以充分實現，欠缺了共同價值，也不能說是美好人生或美好社會。

舉個例解釋社羣主義跟自由主義的分別，現在中國人經常要求日本人對二次大戰時的暴行作出道歉和賠償，但那些戰後出生的日本人可能會問：「做錯事的又不是我，為甚麼我要道歉呢？」從自由主義的角度看，一個人當然沒有義務為另一個人的過錯承擔責任，即使這個人是自己的親人；但從社羣主義的角度出發，一個人的責任跟他所屬的社羣和身分有關。因此，作為日本人的身分，也需要承擔這個族羣的責任。這跟社羣的歸屬感和團結有關，因為人一出生，就處於特定的社羣，擁有特定的身分。也許我們可以將一個人的責任分成兩類，一類具有普遍性，並且跟你的自願性行為有關；另一類沒有普遍性，要視乎你的身分和所屬的社羣，跟你的自願性行為無關，如對家人的義務、愛國心、國民之間的團結、為國家不義所負的集體責任等，這些責任都不是源自我們自由意志的選擇，也可以說是加諸於我們的。

自我	自我不是一個先於目標存在的抽象自我,而是擁有特定身分的情境自我
責任	責任不是全部來自權利和自我的選擇,還有來自沒有選擇的特定身分
價值	價值不一定是自我選擇的結果,而是來自社羣的共識

結語

對於個人來説,社會的價值就是讓我們實現美好的人生,無論是哪一種美好人生,我們必須在社會中才能實現,沒有跟其他人互動,就不可能發展出好的品德;沒有跟其他人分工合作,我們也不可以專注於發展自己的潛能。但社會角色和自我實現之間往往會有衝突,在傳統社會,社會角色通常壓倒個人,例如儒家就要求個人為了家族而犧牲個人利益,可謂只見角色,不見個人;相反,在現代自由的社會,社會或他人卻變成了實現個人目的的手段。

社羣主義試圖修正自由主義對個人和社會的看法,正如桑德爾的書名,他要指出的是自由主義式正義的局限。洛爾斯認為自我先於人生目標,正義先於價值;若肯定某種特定價值,例如宗教,就有可能將一部分的價值觀強加於他人,有損人的自由獨立。但問題是,真的沒有共同的價值嗎?如果共同價值成立的話,就有

可能要對人的自由作出更多限制。舉個例，在自由經濟下，貧富
懸殊已經越來越嚴重，甚至有害人民之間的團結；那麼，為了維
繫共同價值，就有需要限制人的自由，對財富作重新分配。由此
可見，社羣主義是較傾向平等方面，也許這就是對自由主義過於
重視個體權利的修正。

恩索爾（James Ensor）是比利時畫家，屬於表現主義，他很喜歡以面具和骷髏骨為題材，藉此表達出荒謬，反映二十世紀初的社會狀況。在《被面具包圍的自畫像》（*Self-Portrait with Masks*）中作者被戴上面具的人四面包圍，這些面具都是醜陋、虛偽和愚昧的，只有作者具有人的個性。我認為這象徵着社會和個人的衝突，是社會對個人的壓迫，也是個人對社會的抗爭。人要麼戴上面具，做一個隨波逐流的人，但也可以跟作者一樣，以個人的真實樣貌，挺立於眾多面具之中。

《被面具包圍的自畫像》（1899 年）

作者：恩索爾
物料：油彩
尺寸：80 × 120 cm
收藏：日本梅納德美術館

經濟

經濟是增進幸福的力量。

我成長於香港經濟起飛的七十年代，雖然當時年紀尚小，不認識箇中的原因，但仍感受到那種進步和繁榮的氣氛，比如說娛樂事業蓬勃發展，又適逢 ICAC 成立，前途一片光明。當時有一科叫做 EPA，中文即「經濟及公共事務」，講的多是政府結構，例如立法局有幾多位官守議員和非官守議員，好像很少談及經濟，記憶中有「香港的經濟成功有賴於港闊水深」之類的話，但這明顯不合乎事實。香港的經濟成功主要有兩個因素，一個是制度，另一個是文化。制度方面，我們實施的是自由經濟，到目前為止，資本主義仍是產生財物的最有效制度，其中一個原因是私有財產能激發人的積極性；至於文化因素，那就是儒家的勤儉思想，有助累積資本。

「經濟」這個詞其實來自日本的翻譯，日本在明治維新的時候大量引入西學，並翻譯了不少經典，其中選用了「經濟」這兩個字翻譯 economy。這兩個字很有可能來自「經綸天下，濟世救人」這句話，這原是治國思想，比較接近 economy 的中文翻譯應該是「食貨」，《史記》有一篇〈食貨志〉就是專門討論經濟，「食貨」即是糧食和貨品。不過，又不可以說「經濟」這個翻譯完全錯誤，因為政治跟經濟是分不開的，自由經濟背後有自由主義的政治思想，計劃經濟則有着社會主義的政治思想。

在古代社會，政治通常比經濟先行，搞好政治，經濟就沒有大問題，也可以說是經濟依附於政治；但工業革命之後，經濟成為主導，人類的安定要靠經濟，經濟反過來主宰政治。這有好處，也有壞處，好處是某程度上國際間的貿易可防止戰爭，因為一旦開戰，就會嚴重影響經濟，對任何國家都是不利的；壞處就是一切都變得跟「錢」看，為了經濟利益，有時甚至會損害政治上的價值和信念。

資本主義 vs 共產主義

二十世紀有兩種主要的經濟制度，一種是資本主義，另一種是共產主義；也就是市場經濟和計劃經濟之別。資本主義有五大要素，一是追求利潤；二是市場經濟；三是私有產權；四是自由

競爭；五是政府的管制越少越好。市場經濟的理念源於英國亞當·史密斯（Adam Smith），是十八世紀的主流思想，史密斯在《國富論》（*The Wealth of Nations*）一書中提出了無形之手的主張，他認為，在市場上每個人只管追求自己利益，最後就會對所有人都有利，因為基於供求定律和自由競爭，合理的價格得以維持，產品和服務亦會不斷改善。舉個例，有人在市場推出了新產品獲利，其他人加入市場競爭，降低了產品的價錢，供過於求的時候價格就會進一步下降，那些欠缺效率的生產商會虧本而離開市場，最後供應和需求達致平衡。

資本主義使得生產力和創造力從過往政府的限制下解放出來，促進了工商業的發展，帶來巨大的經濟增長。但到了十九世紀，自由放任經濟的流弊亦相繼出現，最明顯的就是貧富懸殊的問題越來越嚴重，而且自由放任的後果是經濟蕭條，影響社會穩定，於是社會主義受人重視，主張人類的經濟活動原理應該由追求利潤轉向以「福利」為中心，其中較激進的就是馬克思（Karl Marx）的共產主義，主張用武力推翻資本主義的政權。

資本主義 vs 共產主義

	資本主義	共產主義
生產資料和工具	主要是私人擁有	由國家擁有
經濟模式	市場經濟	計劃經濟
政府權力	干預越少越好	全權控制

共產主義實行計劃經濟，所有的生產資料和生產工具都要收歸國有，由政府來負責一切的生產和分配，以達致公正和平等的社會。從計劃經濟的角度看，自由經濟的弊端是汰弱留強，最後剩下來的巨型企業就會壟斷市場，謀取暴利，競爭也促使生產各類產品，結果是生產過剩，浪費資源；相反，計劃經濟只需生產適量的標準化產品就能滿足需要，減少浪費，也節省了廣告宣傳等不必要的開支。

但現實上，每個人購買東西的動機都不一樣，也涉及不同的價值觀，政府根本不可能掌握到這龐大的資訊（不過，今天的大數據的年代又當別論）。在市場上，價格機制所提供的信息就足以讓人行動，正如阿當‧史密斯所說，市場就像一隻無形之手，將所有參與者協調起來，建立一個有規則可循的自發秩序。著名經濟學家海耶克（Friedrich von Hayek）用了一個比喻來說明自發秩序的意思，一條原野的小徑並不是有人刻意設計出來的，只是跟隨一條曾經有人走過的路會比較容易走。同理，市場經濟令所有人自願合作，聯合在一起，產生對大家都有益的結果。舉個例，現在新型肺炎肆虐，醫護用的手術口罩價格因需求增加而上升，作為生產商，就會試圖找一些更便宜的物料來製造口罩，或者製造一種有相同功能的代替品，這樣就可以將資源引導到最佳的用途上，減少浪費。換言之，市場負責了生產和分配的工作，而政府只須制定相關的法則讓大家遵守，確保自由和公平的貿易就可以了。

市場經濟和計劃經濟也涵蘊着對人的不同對待方式，市場經濟是

個人主義，在市場上並沒有發施號令者，參與者根據個人目標，遵守規則而行動，秩序自然而成。相反，計劃經濟是威權式的集體主義，有人發施號令，用命令維持秩序，個人不過是完成目標的工具。也許市場經濟和計劃經濟的主要分別就是有沒有自由，通過自由競爭，貨物或服務就可以不斷得到改善，或者創造新的貨物或服務，帶來發展和進步。

市 場 經 濟 促 進 繁 榮

私有產權	為每個人努力工作提供強烈的動機
供求定律	有效控制產品的供應和價格
自由競爭	實現創造力，提升產品和服務質素

雖然在促進經濟方面，資本主義比共產主義優勝，但並不表示共產主義貢獻就少，事實上，資本主義得以自我完善，就是吸納了共產主義的主張，例如累進稅、成立工會、社會福利和最低工資等等。

私有產權的爭議

資本主義和共產主義之爭也可以説是私有制和公有制之爭，兩制之爭自古就存在，在中國的戰國時代，就已有土地買賣，可見私有制的存在，而孟子當時則想恢復上古的井田制。井田制是一種公有制，原則上土地屬於諸侯，八戶農民耕作的叫做「私田」，但

他們並不擁有這塊田，只擁有這塊田的使用權，也要共同負責耕作中間的一塊公田，收成歸國家所有，作為稅收之用。後來宋代王安石改制，也想恢復井田制。

在柏拉圖的理想國中，公有制和私有制並存，統治階層和士兵不容許擁有私產，他們由生產階層供養，這樣就不能以權力謀取私利，專心為國家服務；而生產階層則容許擁有私產，這樣他們就會努力工作，得到更多財富，但財富也有一個限度，過多會被充公。亞里士多德雖然主張私有制，但也同意對財富設上限。當然，也有否定私有制的哲學家，例如盧梭和馬克思，他們指摘私有制令人變得自私，但以為廢除私有制就可改變人的私心，這卻是倒果為因；因為自利是人的本性，私有制不過是自利的表現。公有制的精神在於分享，私有制則在於擁有；但強制地分享就沒有意思，先擁有才能夠分享，正如亞里士多德所說，沒有財富就不能發展出慷慨的品德。不過，資本主義的出現，使貧富懸殊的問題越來越嚴重，皮凱提（Thomas Piketty）在《二十一世紀資本論》（*Capital in the Twenty-First Century*）一書指出，在 2010 年，美國最富有的 10% 人擁有了全國 80% 的財富，最富有的 1% 則擁有了 40%，而這個比例正在不斷上升。

私 有 產 權 的 證 立 與 批 判

不過，私有制從來不是一種明確的制度，而產權也不是一個清晰的概念，直到十七世紀洛克（John Locke）提出了著名的產權理論。洛克認為，上帝為了讓人類履行義務，於是賦予人三種基本權利，分別是生命、自由和財產，財產權變成了與生俱來，先於國家和法律而存在，而且神聖不可侵犯。當然，也有哲學家不同意這種說法，馬克思和邊沁（Jeremy Bentham）都批評過這種與生俱來的權利思想，即使是主張人權的哲學家，也不一定接受自然權利的說法，例如洛爾斯就認為權利只是基於大家的同意，是協議的產物。

洛克產權理論的主要問題是，為甚麼我們可以擁有一些原本不屬於任何人的東西呢？就以一塊土地為例，洛克認為由於勞力屬於個人，若在土地上耕種，我們就有權擁有這塊土地，但佔有不屬於任何人的東西是有條件的，「要留給足夠和一樣好的東西給其他人」，比如說還有足夠的土地讓其他人開墾。不過，現在不是十七世紀，這個條件已經過時了，所以諾齊克將它修改為「不會令其他人的處境更差」。可是，勞動導致產權的觀念仍然有爭議，假如我在土地上種植，付出了努力，那麼我擁有種植的成果是合理的，但為甚麼我還可以擁有這塊土地呢？然而，私有產權其實有一個好處，就是可以更有效地管理財物，因為這東西既然屬於我，我就有責任好好保管它；不然的話，這就會損害自己的利益。私有產權對社會穩定很重要，正如孟子所講，大部分人都是有恆產才會有恆心的。

不過，作為理想，公有制也有其吸引之處。其實馬克思之前社會主義已出現，法國的聖西門（Henri de Saint-Simon）可以說是社

會主義的先驅者，他主張生產資源由開明的資本家、科學家和工程師共同管理，通過計劃經濟來消滅貧窮。有趣的是，聖西門一直重視科學及排斥基督教，但去世前卻寫了《新基督》(*The New Christianity*) 一書，主張基督教有一個重要的目標，就是「引導社會儘快改善最貧困的狀況」，而他提出的方法就是稅制改革，既可用稅收改善貧窮，也可防止財富過度累積在少數人手上。

另一位早期的社會主義者是羅拔·歐文 (Robert Owen)，他本身是一位資本家，將社會主義的理念付諸實行，他在美國買了一塊土地，給新移民居住，實踐合作和財產共有的原則。後來馬克思主義出現了修正派，以德國伯恩斯坦 (Eduard Bernstein) 為代表，伯恩斯坦放棄暴力革命，主張在現有體制下和平演進，實現社會主義的目標。另外，還有費邊主義，那是非馬克思的社會主義，費邊主義源於費邊社，於 1884 年在英國成立，由一羣中產階級的知識分子所組成，反對馬克思的唯物史觀和暴力革命，擁護民主憲政，主張以溫和和漸進的方式改革社會，費邊主義直接催出英國的工黨，也可以說，費邊主義就是工黨的理論基礎。費邊主義的代表人物有蕭伯納 (George Bernard Shaw)，費邊主義採取寬容的態度，跟馬克思的教條主義和階級鬥爭完全不同。

經濟與道德

資本主義有兩個特點，一個是資本累積，另一個是以最低的成本生產最多的財物，充分利用資源，發展人的潛能，帶來經濟的繁榮。但資本主義也有其弊端，追求利益容易導致自私自利的社會風氣，忽略社會責任，也造成惡性競爭，甚至有人為了利益而生產有害的東西，如毒奶粉、地溝油和假疫苗等等，完全不理會道德。特別是在發展中的國家，人權和法治尚未落實，更容易使人唯利是圖，不顧道義和責任。

人性有自利的一面，也有利他的一面，一般來說，人的自利傾向是高於利他的一面，資本主義更縱容人自利的一面，導致金錢至上的不良風氣，更加深貧富懸殊的問題。前面提到亞當‧史密斯所寫的《國富論》成為市場經濟的「聖經」，但其實他還寫了一本書關於道德，叫做《道德情操論》（The Theory of Moral Sentiments），為資本主義提供道德基礎；換言之，經濟要有道德作為基石。史密斯認為道德的重點在於「共感力」，即是感受他人苦樂的能力，跟儒家講的「仁心」或「不忍人之心」相若，有了共感力，我們就不會只追求自己的利益而忽略他人的痛苦。可是，過度競爭的資本主義正不斷削弱我們的共感力，令我們變得麻木不仁。

孟子說：「王何必曰利？亦有仁義而已矣。」這番對梁惠王的訓話早就道出了以追求利益為首的弊病，如果國家以此為目的，人民就會爭相仿傚，形成了貪婪和唯利是圖的風氣，這樣國家就很危險了。儒家主張見利思義，追求利益必須以仁義為本。另外，從

孟子跟齊宣王的對話中，我們可以看到這種人性化的經濟思想，那就是「矜寡孤獨廢疾者，皆有所養」不過，有人認為這只是政府的責任，照顧民生，提供社會福利作安全網，卻不是企業的責任。著名的經濟學家費利民（Milton Friedman）認為，商業機構是屬於股東的，它的唯一責任就是謀取股東的最大利益，而商業機構提供優質的產品和服務就已經是對社會的回報，所以對社會並沒有任何責任。如果要求商業機構解決社會問題，那就會增加經營的成本，在市場競爭上置公司於不利的位置，若虧本的話，公司就會倒閉。

但亦有人認為，社會容許商業機構在此經營牟利，那麼，商業機構對社會也有一定的責任，這就好像有一張隱含的契約存在於社會和商業機構之間。除了股東之外，商業機構對其他持分者如員工、顧客、供應商、社區和環境也有一定的責任，例如商業機構應該避免傷害自然環境、提供安全的工作環境及公平的晉升機會給員工、確認並維護顧客的權利等等。況且，這對商業機構也有好處，那就是獲得良好的聲譽，可以吸引更多顧客，員工也樂意在這裏工作，供應商亦較願意合作，這樣商業機構就能獲取長遠的利益。日本企業比較有企業責任的精神，例如有「經營之神」名譽的松下幸之助就很重視企業責任，現在香港正因新型肺炎致經濟衰退，如果有大企業能慷慨相助，一定會贏取好名聲。雖然有非政府的壓力團體擔當監察商業機構的角色，但要商業機構自律似乎是不切實際的，商業機構很多時候做的只是表面工夫；若發生嚴重事故，如污染環境或造出有害的產品，政府必須立法監管。

反對商業機構具社會責任的理由

無形之手	自由市場有其運作規律，要商業機構負上社會責任，會扭曲了商業的經濟功能，妨礙市場運作
政府責任	不可以依賴商業機構自律，若商業機構引致污染等問題，應該由政府立法監管
非企業所能	商業機構的管理層缺乏道德和社會的專業知識，難以作非經濟的決定

近來資本主義更入侵過去非市場的領域，正損害我們的道德價值。舉個例，現在很多主題公園都推出所謂的「貴賓票」，貴賓票當然比普通票昂貴，以往我們要輪侯一段時間才可以享用主題公園內的玩樂設施，本來排隊是公平的，正所謂「先到先得」，但買了貴賓票的人就不用排隊，損害了公平的價值。又例如，現在我們已有了基因改造的技術，將來這種技術很可能會應用在商業上，父母或可以根據自己的喜好訂造心儀的孩子，本來孩子的特質不可預知，但基因改造將孩子變成了產品，孩子淪為滿足父母的工具，不但降低了人的尊嚴，也可能會損害父母和孩子之間的關係。

全球化問題

早於 1960 年，加拿大的媒體理論家麥克魯漢（Marshall McLuhan）就認為，電視和電話的發明已開啟了新的時代，「時間」和「空間」的阻隔被消滅了，我們正生活在同一個地球村裏。在經濟方面，由於使用貨櫃運輸和互聯網的通訊，全球貿易已將世界變成了一

個經濟體系，有人認為，這正是資本主義發展的第五個階段：全
球化資本主義。

資本主義發展的五個階段

重商的資本主義 ▽	國家結合商業利益，在殖民地建立海外市場
工業化資本主義 ▽	工業革命帶來了大型的企業，如鋼鐵業和汽車業
金融資本主義 ▽	加入了信託、集資和保險等銀行業務
國家福利資本主義 ▽	經濟大蕭條增加了政府的角色和權力
全球化資本主義	科技打破了時空的限制，建立全球市場

主張市場經濟的人都認為，金錢和商品的自由流動，會為世界帶
來更大效益。發展中國家為已發展國家提供自然資源和廉價勞
工，這樣已發展國家可以享有便宜的商品，而發展中國家的經濟
也得以改善。另有人認為，全球貿易打破了國家的壁壘，令那些
獨裁極權國家的貿易法律要跟國際接軌，例如必須修改法律保護
知識產權和私有產權，這樣就有助自由民主思想的傳播，使這些
國家和平演變。

不過，也有人對全球化抱悲觀的看法。全球化令企業將生產線轉
移到廉價勞工的地方，造就了很多跨國公司，它們的經濟力量足
以影響小國的政治決定，但不受特定國家的管制。有些公司會將
造成污染的工業搬到貧窮國家，而貧窮國家為了經濟增長只好接
受，結果造成嚴重的污染問題。世貿亦只關注自由貿易，不大顧
及環境保護的問題，雖然世貿規定一國可以禁止污染環境的產品

入口,但若污染是出現在生產過程,則不在此限,這間接助長了貧窮國家的污染問題。

前面說開放全球市場,通過國際貿易來增進經濟效益,產生更多財物,就能使貧窮國家的人民受惠,但這只是事實的一面;事實的另一面是國際貿易會加劇經濟不平等,拉闊富裕國家和貧窮國家的差距。因為在自由貿易下,貧窮國家跟富裕國家競爭或合作時,往往處於劣勢,令富國越富,貧國越貧。例如美國會補貼國內的農民,降低價格,使貧窮國家的農產品無法與之競爭,貧窮國家可能就要被迫種植一些富裕國家需要的廉價產品如咖啡豆,種植單一農作物的後果可以很嚴重,比如說不能生產足夠的糧食,導致饑荒,於是被迫購入價格高昂的外國農產品。本來這些尚可以自給自足的貧窮國家,一旦進行國際貿易,反而產生更大的不平等問題。在那些已發展國家,我們尚可通過財富再分配的機制去減少貧富的差距,但在國際間卻缺乏這樣維持平等的機制,那麼,國家之間的貧富差距只會越來越嚴重。雖然世貿致力於自由貿易,令成員國取消保護政策和關稅,但主導議程的都是已發展的富裕國家如美國和日本,有些貧窮國家甚至負擔不起在世貿的總部日內瓦設置辦公室,那就更加沒有發言機會。

由此可見,全球化的主要問題亦即是將資本主義的問題全球化。馬克思對資本、剝削和異化的討論對今天的我們來講,仍然有相干性。「資本」本來是人創造出來的,使我們可以充分利用資源,改善生活環境,但現在資本反過來對人造成支配(這是資本的異化),資本只追求利潤,哪裏有利潤,它就往那裏去。在全球化時代,經濟似乎更不受道德和法律的規範。

諾齊克：極端自由主義	用稅收達致財富再分配的做法是不當的，因為會損害人的自由，應該以慈善和私人捐贈來解決貧富懸殊的問題
洛爾斯：重視平等的自由主義	用差異原則來重新分配財富，因為個人的財富成果只是偶然的產物，所以要跟大家分享
桑德爾：社群主義	應重新分配財富，因為個人的財富成果是要借助他人之力才可得
馬克思：共產主義	廢除自由經濟，實行計劃經濟，一切平均分配

結語

資本主義有兩個基本的預設，一個是人是理性的，另一個是市場機制。所謂人是理性的意思是人會在成本和效益的計算下，善於運用資源，謀取利益；可是，金融風暴下人盡現非理性的一面，而經濟蕭條亦顯示市場失靈，需要政府出手干預市場。無形之手的神話早就被刺破，但問題是，政府的干預究竟要到何種程度，是否要更着力於縮減貧富差距呢？

過往資本主義藉着國家的力量，到國外開拓市場，找尋原料和廉價的勞動力，並四處殖民；今日殖民主義雖已消失，但資本主義卻進入了全球化的新階段，很多人認為，富裕和貧窮國家也形成一種剝削的關係。雖然資本主義有着之前所講的諸種問題，但到

目前為止，它還是充分發揮個人才能和自由的經濟制度，努力和創造仍然是資本主義的核心精神。

也許我們可以參考北歐諸國的經濟模式，那是某種程度自由經濟和社會主義的結合，二十世紀的社會主義大抵可以分為兩派，一派是主張革命的馬克思共產主義，另一派是反對革命的漸進改革，這派擁護民主憲政，主張以溫和漸進的方式改革社會。後者的例子有瑞典的社會民主工人黨，由 1932 年到 1976 年幾乎是長期執政，瑞典的社會民主主義捨棄了馬克思的「國有化」，採用混合經濟，以稅制作財富重新分配，推行全民福利，減少資本主義衍生貧富懸殊的弊病。除此之外，資本主義本身也要作出更多改革，比如說過度競爭，不但損害人性，令現實更加殘酷，而且還會影響人的表現；所以有人主張以合作性代替競爭性，對個人和社會更有利。

中環恆生銀行總行有一幅畫，是《清明上河圖》局部的複製品。《清明上河圖》是中國十大名畫之一，描繪汴京城的繁華現象，汴京是北宋的首都，而北宋初期是中國歷史上少有的經濟發達時期。此畫為風俗畫，以長卷的形式展示，全畫可分為市集和農村兩部分，市集部分可見各式店鋪林立，行人不斷。「清明」可指清明時節，亦可解作為清明盛世；而「上河」則有更多不同的解釋，例如河的上游、遊河、上市集，甚至是上墳。

《清明上河圖》局部（北宋，1085-1145 年）

作者：張擇端
原作物料：絹本設色
原作尺寸：528.7 × 24.8cm
收藏：北京故宮博物院

政治

政治的目是繁榮和穩定。

小時候常聽有人說：「政治是黑暗的、污穢的，千萬不要碰政治。」後來我學繪畫，老師更明言藝術不要涉及政治，否則就會有損藝術的價值。但問題是，如果正直善良的人不理會政治的話；那麼，政治豈不是多落在心術不正的人手上，情況不是更糟嗎？難怪布萊希特（Bertolt Brecht）說：「最糟糕的無知就是政治無知。」即使你不碰政治，政治都有可能會來找上你，我想起了有一段時期有些地方很多跟政治無關的畫都被「批」為黑畫，不少畫家慘遭打壓。

為甚麼政治會如此醜陋呢？我又想起小時候聽過英國艾頓爵士（John Dalberg Acton）的一句話：「權力使人腐化，絕對權力使人絕對腐化。」政治涉及權力的獲取和運用，有了權力，就可以控制利益的分配，這就是為甚麼政治會使人腐化。

的確，政治有着醜陋的一面，充滿着陰謀和詭計，說謊、背叛、行賄、抹黑，甚至暗殺都是常見之事，林肯（Abraham Lincoln）、甘迺迪（John F. Kennedy）、甘地（Mahatma Gandhi）等政治領袖都是被暗殺而死，由此可見政治鬥爭的慘烈。在某些專制極權的國家，權力鬥爭就更加激烈，由於權力過度集中，有權和無權會有很大的差別，所以不得不鬥；但有趣的是，在那些「完美」的極權國家如北韓，卻不存在這樣的激烈鬥爭，因為所有反對者早就被處決了。

但也不要太悲觀，並非大部分從政的人都是這樣差的，至少以上我們提及被暗殺的領袖都是光明偉大。我們也可以從一個較中性的角度來看政治，人類要生存，就需要互相合作，組成社會，建立政府的目的就是讓人民安居樂業，令社會繁榮進步。政治必定需要權力，因為沒有權力就不能行使管理的工作；從這個角度看，競逐權力有一定的合理性，參政者的目的就是獲取權力，實踐自己的政治信念。孔子當年之所以周遊列國，不也是為了尋找一個從政的機會嗎？

政治是甚麼？

政治　　＝處理眾人之事

目的

公共利益　＝安全、繁榮、正義

意識形態

西方古代着重討論政體的優劣，例如亞里士多德和西塞羅（Cicero）就嘗試綜合不同政體的優點，互補不足；然而，現代政治主要是意識形態之爭。「意識形態」這個詞是由法國大革命時期哲學家特拉西（Antoine Distutt de Tracy）發明的，原意是一門用經驗檢證觀念的學問；但在後來的用法中，意識形態似乎沒有確切的定義。有時意識形態泛指思想信仰，這樣的話，基督教和儒家思想都可以是意識形態；有時則具有負面的含意，指虛假意識或封閉的思想體系；而馬克思則在一個特殊的意義下使用意識形態，那是一套鞏固階級利益的思想體系，但難道馬克思主義不也是一種意識形態嗎？也許有人認為，馬克思所講的是正確的意識形態，因為它代表的是無產階級的利益。

一般來說，意識形態只涉及政治思想，例如保守主義、無政府主義、自由主義、共產主義、民族主義等等。在人類的歷史上，這些意識形態的出現比較晚，十八世紀才登上政治舞台，但它們一出現，就開始互相競逐，並給人類的生活帶來巨大的影響。觀乎近三百年來的戰爭，大部分都跟意識形態之爭有關。意識形態具有激發人心，凝聚羣眾的力量，不少革命之所以成功，也是得力於激進的意識形態，例如自由主義和社會主義。近代民族國家的出現，如德國和意大利，就有賴於民族主義這種意識形態。意識形態既有相爭的一方面，例如自由主義和共產主義；也有結合一起的可能性，例如保守主義和民族主義；亦會分享共同的理念，例如社羣主義和社會主義都重視社羣的理念；更有演化的情況發

生，例如由古典自由主義發展出新自由主義。

那些理念內容越少的意識形態就越容易跟其他意識形態結合，保守主義就是一個明顯的例子，保守主義其實沒有固定的內容，它只是一種心態，就是盡量保持傳統，維持現狀，擔心改變會帶來災難；這也是人的普遍心態，安於現狀，依習慣行事。保守主義抗拒改革，也稱為反動派。反動的英文字 reactionary 來自法文，意思是反對法國大革命，1789 年法國大革命爆發之後，引致了一連串的社會動亂，愛爾蘭哲學家柏克（Edmund Burke）在翌年出版了《法國大革命的反思》（*Reflections on the Revolution in France*），表達出他對法國大革命的不滿，他認為革命分子只是煽動羣眾情緒的狂熱者，訴諸抽象的自由和平等，就任意破壞一切舊有的事物，製造動亂和不安。作為保守主義者，柏克十分重視道德和宗教，因為兩者對安定社會有很大的作用。而事實上，大部分教徒在政治上亦傾向保守主義，尤其是道德的議題，如反對墮胎、安樂死、同性婚姻、基因改造等。

有人將意識形態由左至右排列，例如法西斯主義就是極右，馬克思主義就是極左。左右之分也是源於法國大革命，在 1789 年的三級會議上，坐在國王路易十六右面的是貴族，左面的是平民；後來在革命會議上，坐在半圓形座位左面的是激進派，右面的則是保守派。在今日的政治生態上，右派通常傾向維護國家主權和民族的獨特性，較為保守，例如近年歐洲的右派政黨就極力反對收容難民；而左派則站在勞工的立場，主張社會福利，例如英國的工黨。

民族主義 vs 極權主義

自由主義、社會主義、烏托邦主義和無政府主義等意識形態已在「社會」和「經濟」這兩篇談過，所以想在這裏討論一下民族主義和極權主義。

作為政治思想來說，民族主義的內容雖然貧乏，卻是最有力量，因為它能煽動人的情緒，獨裁者也最喜歡用民族主義來對抗所謂「敵人」，最明顯的例子就是法西斯主義和納粹主義。說民族主義貧乏的原因是它除了愛國和排他之外，就似乎沒有甚麼內容，所以民族主義通常要結合其他政治思想。

其實「民族」只是近代的產物，它始於十六世紀，當時歐洲建基於封建領主的農業經濟已經不合事宜，各國的君主乘機打擊封建領主，改革經濟，提升國際的競爭力，建立統一的民族國家。而

民族主義作為羣眾運動，則是源於法國大革命，由於歐洲各國恐懼革命，於是入侵法國，激發起法國人抵抗外敵的民族主義。後來拿破崙橫掃歐洲時，也激發起西班牙人、德國人和俄羅斯人的民族主義。也可以說，民族主義喚醒了十九世紀的歐洲，二十世紀傳播到世界各地，也成為了殖民地爭取獨立的意識形態。自二次世界大戰之後，民族自決成為了政治正確的思想，而昔日的帝國如哈布斯堡王朝、奧圖曼帝國，以致大英帝國，都紛紛瓦解。

正如前面所講，民族主義的特色之一是愛國，表面上民族主義要求人為了自己的國家而犧牲，很有捨己為國的精神，但實質上民族主義是排他性的，即是排斥其他民族，在這種狂熱的愛國心之下，藏着自己民族比其他民族優越的心態。我認為，民族主義有兩個心理根源，一個是自我保護，由自我中心擴大到以自己的民族為中心；另一個就是榮譽感，我們會為民族的優越而感到榮譽，就好像我們支持的球隊獲勝一樣。

民族主義也是兩次世界大戰的原因之一，亦很容易演變為種族主義，這樣就會產生很多人為的慘劇，六百萬猶太人遭屠殺就是一個很好的例子，但類似的慘劇在二十世紀末還不斷重複，計有盧旺達、波斯尼亞、科索沃和東帝汶等等的種族屠殺。民族主義很容易演變為種族主義，而種族清洗則是種族主義的最壞可能後果。

有人認為，極權主義是二十世紀的特色，法西斯主義、納粹主義等都是極權主義，對自由民主社會構成重大的威脅。「極權主義」這個名稱來自德國女哲學家漢娜（Hannah Arendt），她寫了一本

書叫《極權主義的起源》(*The Origins of Totalitarianism*),漢娜目睹當時的納粹德國,及史太林 (Joseph Stalin) 掌權的蘇聯,這是歷史以來未有過的國家形態,就是以國家和民族凌駕於個人,漢娜稱之為極權主義國家。漢娜認為,極權主義之所以出現,是由於大眾對社會漠不關心,當第一次世界大戰結束後,舊有的階級社會瓦解,出現了一個大眾社會,大眾失去了歸屬感,每一個人都是孤獨和分離的個體,彷彿跟他人毫無關係,而野心家乘機推銷美麗的願景,尤其是宣傳種族的優越感,為孤立的大眾提供心靈的依靠,這就是極權主義吸引大眾的原因,而大眾也容易臣服於魅力領袖,以擺脫個人的無力感。極權主義會使用秘密警察,以恐懼來控制大眾的行為,大眾也因此形成一個不能容忍異見分子的團體,這就是漢娜講的「平庸的邪惡」,從這個角度看,極權主義的成功也需要大眾的「配合」,大眾對社會的冷漠助長了極權主義。

傳統的君主專制雖然是君主獨攬大權,但也未到控制一切的地步,正所謂「山高皇帝遠」,「帝力於我何哉」;現代社會卻不同,由於科技的進步,地域的界限已不復存在,所以說極權主義是現代社會的產物。極權主義會利用大眾傳媒來宣傳,達致控制的目的,希特拉 (Adolf Hitler)、墨索里尼 (Benito Mussolini) 和史太林都是箇中能手,現在有了互聯網、監視器和人面辨認系統,真的可以像奧威爾 (George Orwell) 的《一九八四》(*Nineteen Eighty-Four*) 所講那樣,產生出一個全面監控的社會。

極權主義的另一個特色就是建立在謊言之上，控制傳媒，封鎖資訊，令人民無法得知真相。遇到重大的危機，不能再以謊言掩蓋時，就以製造「敵人」來轉移視線，如果敵人是外國的話，就會煽動民族主義的情緒，盲目追求國家的強大。極權主義也喜歡將所有問題歸為一個問題，或者一個敵人。

極權主義的特色

崇拜領導人
宣揚民族主義 ⟶ 使人民精神上依賴國家，煽動盲目的愛國情緒
盲目追求國家的強大
秘密警察
告密制度 ⟶ 消滅異見聲音
控制傳媒

民主與憲法

自從法國大革命和美國獨立之後，人類發展出一種新的政治制度，那就是現代民主，現代民主有兩個源頭，一個是洛克，另一個是盧梭；前者主張間接民主，由人民選出代議士來立法；後者則提倡直接民主，由人民一起參與立法。洛克所講的兩權分立發展出後來孟德斯鳩的三權分立，除行政和立法之外，第三權就是司法，司法獨立對維持社會正義很重要，立法代表發展到後來還有行政代表，即人民有權選出國家的領導者，例如美國人每四年

可重選總統，這樣就更能令政府向人們負責。現在民主國家用的都是間接民主，某些國家也有直接民主的成分，例如瑞士，人民有權通過公投廢除國家的法律，遇上有爭議性的議題，也會用公投來解決。

現代民主的證立根據在於契約論，簡單來說，就是政府的管治要得到人民的同意。現在世界上有半數以上的國家是民主制，如果成立政府的目的是為了保護我們的基本權利，那似乎民主比起其他政治制度可以更好地達成這個目的。但其實在二百多年前，民主的名聲並不好，當時現代民主並未成熟，大家對民主的觀感還停留在古代民主，那是窮人的政體，也有着多數人暴政的問題，兩大哲學家柏拉圖和亞里士多德都對雅典民主作出嚴厲的批判。不過，亦有人認為現代民主和古代民主是兩碼子的事，現代民主有着自由人權和憲法的觀念，而且司法獨立，更有競爭式的選舉，這些都比古代民主優勝。

我認為，民主最大的好處就是讓政權得以合理地轉移，這是人類歷史的重大進步，因為過往要更換不稱職的政權，往往要訴諸暴力，那就少不免人命的傷亡。民主也有助社會繁榮和世界和平，因為民主政治背後有着自由主義的思想，說理和容忍是民主社會的兩大德性，民主國家遇上紛爭，也可通過協商來解決問題，大抵上，自從二次世界大戰之後，民主國家之間沒有戰爭。有人認為，如果全世界都變成了民主的國家，實有助全面消滅戰爭。

民主的性質

民主的條件	民主的好處
定期選舉 (有真正的競爭)	政權得以和平轉移
權力制衡 (三權分立)	免於獨裁暴政
人權受保障 (憲法)	有助社會繁榮和世界和平

當然，民主政府也可以是腐敗的，但它可防止最差的情況出現，比如說政府屠殺人民。正如前文所講，政治容易令人腐化，最初參政的人可能滿懷理想，一心為國家人民作出貢獻，後來卻變成了為自己謀取私利，這種情況在民主國家也一樣存在。當然，非民主的國家（一般來說）就更加嚴重，只是很多沒有被揭發和公開而已。由此可見，民主政治至少有一個好處，就是政府受到反對黨和傳媒的監察，政府犯錯，也就容易發現。

但民主政治有一個危機，那就是多數人的暴政，通過投票的多數決，多數人壓迫少數弱勢社羣，如同性戀者、傷殘人士、少數族裔等，而憲法對於保障這些人的權利就顯得非常重要。很多人誤解了憲法的地位，憲法其實是用來規範政府的，包括立法，所以一般人是沒有「資格」違反憲法的，只有政府才能夠違反憲法。憲法可以看成是一組組成政府的基本原則和程序，也可以說是國家的合法性依據。事實上，歷史上憲法之所以出現，就是用來限制政府的權力和保障人民的權利，例如 1688 年英國光榮革命之後，通過了權利法案，確立了立憲政體，大大限制了君主的權力；不過，英國並沒有成文的憲法。若論成文的憲法，最重要和歷史悠久的要算是美國的憲法，1787 年由聯邦制憲會議的代表簽署。經歷了法國大革命，1791 年法國也制定了憲法。美國和

法國的成文憲法都是革命之後所制定的，針對的正是之前的專制政權，美國推翻了英國的殖民統治，法國則推翻了君主專制。就以美國的憲法為例，第一至第三條就是將立法、行政和司法三權分立，使它們互相制衡，這樣就可防止專制獨裁政權的出現。

美 國 的 憲 法 條 文

美國立國時只有 7 條憲法，後來增加了 27 條修正案，其中首 10 條稱為權利法案。以下幾條是較為重要的憲法。

第一條	立法權屬於國會	
第二條	行政權屬於總統	
第三條	司法權屬於法院	1788 年
第五條	訂明修正憲法的程序	
第一條修正案	保障人民各種自由，如言論、宗教、集會等自由	1791 年
第十三條修正案	廢除奴隸制度	1865 年
第十五條修正案	不可因種族而剝奪公民的選舉權	1870 年
第十九條修正案	給予女性選舉權	1920 年

不過，甚麼權利應受憲法保護並沒有公認的答案，例如在美國，人民就有擁有槍械的權利，這亦是造成今日美國槍擊案頻生的原因之一。憲法是國家的最高規範，也是法律的依據，如果所制定的法律違憲的話，則必須修改，例如美國最高法院宣判同性婚姻的權利受到憲法的保護，因此某些州分禁止同性婚姻的法律就是違憲的。當然，我們也可以修改憲法，但憲法作為國之根本，不應也不會隨便修改。要修改憲法也不容易，以美國為例，修憲需要國會三分之二通過，及各州四分之三贊成。

政黨與傳媒

在民主制度中，必然是政黨政治，各政黨通過競選獲取政治權力，成立政黨的目的正是要得到統治權，成為執政黨。但非民主的極權國家也有政黨存在，有些是透過革命奪取政權，當它執政之後，就不容許其他政黨存在，宣稱其代表人民的真正的利益；有些則是通過選舉得到政權，例如德國的納粹黨，但隨即壟斷了權力，建立一黨制。我認為政治的精神在於不同見解的爭辯，由競爭帶來進步，就好像在足球場上兩隊對壘，政黨必須是眾數才有意義的。而落選的政黨則擔當反對黨的角色，負責監察和批評執政黨。

在自由民主的國家，大致可分為兩黨制和多黨制，所謂兩黨制並非真的只有兩個政黨，而是多數情況下由兩大政黨競逐政權，輪流執政，例如英國的保守黨和工黨、美國的民主黨和共和黨、加拿大的自由黨和保守黨，這是因為她們採用了最高票當選的選舉方式，有利於維持兩大黨制；而多黨制的國家則多採用比例代表制的選擇方式，根據選票的比例來分配議席，所以即使得票不多的小政黨，仍然有生存的空間，例如歐洲大陸的國家就有很多小政黨。

除了選舉制度不同之外，英語系國家和歐陸國家的政黨也有一個顯著的分別，就是後者有較明顯的意識形態，當然，英國的工黨也有很強的社會主義傾向。意識形態也就是政黨的政治信念，並藉此號召選民，但結果通常是形成了很多小政黨。像美國的兩大

政黨民主黨和共和黨,意識形態的分別其實不大,勉強地說,民主黨是傾左,共和黨是傾右。

大抵上,我們可以區分出傾向保守和自由的政黨,保守的政黨通常抗拒變革,而自由的政黨則歡迎變革。一般來說,年紀較大的人會加入保守的政黨,青年人則喜歡自由的政黨。有人說政黨不過只代表某類社羣的利益,比如說富人支持保守派,窮人支持自由派或社會主義的政黨,工黨則代表工人的利益,將政黨看成是利益團體也不算是錯,例如綠黨就以保護環境為其政治目標,認同這樣信念的人就會支持綠黨,但有時未免過於簡化,比如說工黨以實現社會正義為其目標,但在英國也有不少工人投票給保守黨。

政 黨 的 分 類

一黨制	一黨專政,非民主
兩黨制	多數兩大黨輪流執政
多黨制	細小政黨組成聯合政府

在現代政治中,無論是民主國家,還是極權國家,政治宣傳都很重要。在極權的國家,傳媒只淪為政府的宣傳工具,向人民洗腦,例如納粹黨就透過傳媒宣揚德國人的優越及對猶太人的憎恨。選舉是現代民主的必要成分,而媒體在選舉中則擔當着重要的角色,普遍認為,媒體對選舉結果有很大的影響力,不然的話,各政黨或參選者就不會花大量的金錢打所謂「媒體戰」。

我們可以將傳媒看成是政府和人民溝通的橋樑,政府透過傳媒宣

揚政策和措施，讓人民知道；人民則透過傳媒表達民意，使政府了解。即使是極權的國家，也不能完全不理會民意，因為任何一個政權若想長久執政，也須得到大部分人民的支持。當然，在民主自由的社會，民意會得到更多的反映和尊重。在民主自由的社會，政府、傳媒和人民也存在着一種緊張的關係，人民希望傳媒能夠監察政府，作為三權分立之外的第四權，很多時傳媒都會擔當批評政府的角色，甚至跟政府對立（因為揭發政府的醜聞會有很高的銷量）；政府也會對傳媒進行道德或政治審查，即使是高舉自由的美國，也曾出現類似的審查，1971 年，美國總統尼克遜（Richard Milhous Nixon）禁止《華盛頓郵報》（*The Washington Post*）刊登有關越戰的文件，是美國首次監控傳媒，最後高等法院判政府敗訴，後來傳媒更揭發了「水門事件」，導致尼克遜下台。不過，美國的傳媒也有屈從政治壓力的時候，例如經歷 911 之後，傳媒幾乎一致地支持政府的反恐戰，少有分析事件，或對美國出兵伊拉克和阿富汗作出批評。

近年出現了很多新媒體，例如 Facebook、Twitter、Telegram、Youtube 等社交網站、網上平台，相對於傳統媒體如電視、報紙和電台，新媒體有更大的互動性，只要將手機接上互聯網，就可以隨時隨地閱讀資訊和作出回應，又可以「like」和「share」，比舊有媒體更吸引年輕人。每個人都可以在網上發表自己的言論，人人都有發聲的權利當然是好事，我們也可以知道更多不同的看法和人民真正的心聲。不過，網上言論自由也有其問題，例如資訊氾濫，充斥着很多虛假的消息，以及人身攻擊的言論。

有人說，新媒體開啟了直接民主的可能性，而政黨將會被淘汰。技術上在網上投票是可行的；不過，我認為政黨還有生存的空間，就是負責搜集資料和分析的工作，讓選民作為投票的參考。

結語

我認為，政治是領導之學，帶領眾人過着美好的生活。無論是古代或現代社會、民主或非民主的政治制度，我們都需要優秀的領導人。何謂優秀的領導人呢？簡言之，就是才德兼備，有才者能夠領導社會發展，處理諸如經濟危機、社會矛盾、戰爭和天災等；有德者能夠抵抗權力的腐化，不以權謀私，凡事以公共利益為目的。

即使國內政治清明，穩定繁榮；但國際形勢卻詭異多變，隨時會將國家帶入不安甚至戰火之中。要提防別國的侵略，軍事實力是必須的。到目前為止，國家主權還是最高的政治權力，每一個國家都是獨立的，原則上沒有任何國家可強迫另一個國家做些甚麼，而國家之間既有競爭的一面，也有合作的一面，比如說環境污染和全球暖化等全球性的問題，就沒有國家能獨力解決。

正如前文所說，政治的目的是令人民安居樂業，繁榮發展，但巨大的利益又容易令人腐化；由此可見，政治是既必要又骯髒的東西。政治也像是對人性的試煉，考驗人的智慧和品德。雖然做人

應該誠實正直，卻不可能以此作為政治外交的方針，因政治必涉及利益；即使是合乎道德的正義戰爭，也要考慮勝算，如果勝算不高，也不應貿然發動戰爭。

關鍵字再思考　　權力 / 利益分配 / 意識形態之爭 / 保守主義 / 自由主義 / 共產主義 / 民族
主義 / 極權主義 / 民主

相關篇章　　　　**社會　經濟　繁榮**

常言道：「戰爭是政治的延續。」政治有政治的邏輯，到了某些情況也是非戰不可，但並不表示戰爭完全沒有對錯可言，侵略或屠殺平民的戰爭一定要受到譴責，畢加索的《格爾尼加》（ *Guernica* ）可謂是反戰的名作，此畫描繪的是納粹德國轟炸格爾尼加城，畢加索只使用黑、白、灰三種顏色，十分配合悲調主題，而畫中的事物也各有其象徵意義，例如牛頭正代表殘暴的納粹政權。

《格爾尼加》（1937 年）

作者：畢加索
原物料：油彩
尺寸：776 × 349cm
收藏：西班牙索菲亞皇后國家藝術中心博物館

繁榮

自由帶來繁榮。

說起來可能很多人不會相信，其實我小學時已經思考九七回歸的問題，記得社會科提到香港島和九龍半島是清朝割讓給英國，而界限街以北的新界則是租借的，租借期為 99 年（但英國好像從來沒有交租）。當時我想，到了 1997 年香港會否分裂為兩部分，香港島和九龍半島繼續由英國管理，新界就按條約交還給中國呢？當然，我不敢問老師這個問題，因為說不定會給標籤為「問題兒童」，而事實上，也沒有人可以回答這個問題。後來中英兩國簽署了聯合聲明，香港回歸後實行一國兩制，鄧小平承諾「馬照跑，舞照跳」，但當時我卻想起《借來的美夢》中的幾句歌詞：「繁榮暫借，暫借的美夢遮不了恨，暫借的美夢生不了根。」

繁榮和穩定總是連在一起，當然，穩定而不繁榮是有可能的，但繁榮而不穩定則比較少見。何謂「繁榮」呢？我們多數聯想到經濟的增長、GDP 的數值，追求繁榮富足是每個人內心的渴求，但繁榮並不限於財富，只不過生活在這個物質世界，財富是慣常的表現形式。當然，財富是很有用的工具，可以購買我們需要的東西，解決生活上的煩惱，而財富更是實現繁榮和發展的基礎。

繁榮之於社會，猶如幸福之於個人。如果生活在一個看似繁榮社會中的人並不快樂，那是繁榮的真正意義嗎？香港就是這樣一個地方，香港貴為亞洲金融中心，其經濟力量不容置疑，而且平均來說，香港人的壽命也是全球最高的，但根據聯合國 2020 年發表的「全球幸福報告」，香港市民幸福指數只得 5.51 分（以 10 分為滿分），在全球 153 個被調查國家和地區中，排名只是 78，可見香港人長壽卻不快樂。當然，不快樂的原因有很多，其中一個恐怕就是貧富懸殊，尤其表現在樓價高企，基層生活得不到充分保障；另一個就是過度的競爭，令人身心疲累。

成長的限制？

有人認為，不斷追求經濟成長是有問題的，因為資源有限，成長是有極限的，而且急速開發天然資源會造成污染問題，地球可供的開發空間與資源也是有限的。其實限制成長的聲音早於 1798

年就已出現，英國經濟學家馬爾薩斯（Thomas Malthus）在其著作《人口論》（*An Essay on the Principle of Population*）中指出，人口的數量是以幾何級數增長，但糧食只以算術級數增長；換言之，糧食的增長永遠追不上人口的增長，當人口過多而糧食不足時，就會引發戰爭或瘟疫，自然界會用它的力量來調節人口。馬爾薩斯也反對當時英國的濟貧措施，因為濟貧會令窮人持續懶惰，也助長他們生育更多，這樣只會將貧窮延續到下一代。

上世紀七十年代，有一個組織名為「羅馬俱樂部」，由意大利的經濟學家佩西（Aurelio Peccei）所領導，成員來自不同國家的學者、企業家和官員，推行了一個有關人類困境的研究計劃，並將部分研究結果發表成書，那就是《成長的極限》（*Limit to Growth*）。此書指出了人類當前兩個主要問題，一個是有限的自然資源如石油將會耗盡；另一個是由於經濟發展所造成的污染，如果不對經濟增長作出限制的話，約 100 年之後成長就會到達極限，經濟崩潰，並可能引發戰爭，大量人口將會死亡。現在已過了 50 年，由於科技的進步，基因改造令食物的產量倍增，舒緩了人口增加對食物需求的壓力，而再生能源如太陽能的開發技術亦已成熟，資源耗盡的問題也有望得以解決。

所以有人主張，要解決危機，不是限制成長，而是尋找更大的發展機會，擴大經濟體系，這樣才能養活將來的龐大人口，現在世界人口已是 70 億，估計到了 2050 年，人口會到達 100 億，我們需要創造更多的財富，否則的話，就很有可能出現糧食短缺的危機，最終會爆發戰爭，以殘酷的方式解決人口過剩的問題。但問

題是，擴大經濟規模也等於加深對環境的破壞，地球還承受得住嗎？人類要生存，必須消耗自然的資源，但由於經濟發展和人口膨脹，令消耗的速度不斷增加，尤其是發展中的國家，工業化和開採自然資源，令環境污染的問題越來越嚴重。

在各種的環境污染中，首推全球暖化，它不但嚴重，也最有迫切性。但亦有學者認為，全球暖化的問題只是被人誇大了，在《暖化？別鬧了！》（*Cool It*）這本書中，作者隆伯格（Bjørn Lomborg）引用了不同的數據，指出暖化並不是那麼嚴重，他更質疑使用龐大的經費解決暖化問題，卻成效甚低。

全 球 暖 化 的 問 題

全球暖化的主要成因是我們排放大量二氧化碳，造成溫室效應，令溫度不斷上升。

氣溫上升令冰川融化	由於冰川可反射陽光，有調節氣溫的作用；冰川融化會令氣溫進一步上升，造成惡性循環
冰川融化令水位上升	除了淹沒沿岸及低窪地方之外，依靠冰川為食水的居民也會面臨缺水的問題
海水溫度升高令風暴增強	風暴經過海洋時會吸取更多的能量，令颱風和颶風威力更強
北極冰帽融化	大量淡水會流入海洋，影響了調節全球氣候的水流，導致冰河時期來臨

消滅貧窮

有人可能會問，為甚麼一定要追求繁榮和進步呢？像老子講的小國寡民，過着順其自然，老死不相往來，安貧樂道的生活不是更好嗎？

傳統哲學和宗教大多對金錢抱負面的態度，例如蘇格拉底就說過「金錢會腐蝕我們的靈魂」，安提斯泰尼（Antisthenes）受了蘇格拉底的影響，創立了犬儒學派，主張人必須從名利和享樂中解放出來，靈魂才得以自由，他的學生第歐根尼（Diogenes）更徹底奉行犬儒主義，過一種最低度的生活，只生活在一個桶子內。雖然唯物論者伊壁鳩魯否定靈魂，但他主張清貧的生活才能帶來心靈的平靜，還說「貧窮才是巨大的財富」。斯多亞學派（Stoicism）甚至提倡禁慾苦行，以提升心靈的質素；早期基督教更加將禁慾苦行的精神推廣出去，最有代表性的就是聖方濟各（San Francesco），他認為貧窮可以令人變得謙卑和憐憫，體會耶穌在十字架上所承擔的苦難，他還說「遇到一位比我貧窮的人會令我無地自容」，可謂貧窮至上，因為貧窮能使人聖潔，比犬儒主義有過之而無不及。即使是沒有敵視財富的亞里士多德，也主張要對財富作出限制，不能超出一般人的五倍，每個公民不能擁有多過兩棟房子。

可是，這些輕視財富或限制財富的思想已經不合事宜，時代改變了，我們也難以回到過去單單是心靈富足就夠的傳統社會。繁榮的相反是貧窮，要繁榮就要消滅貧窮；要消滅貧窮，就要先弄清

楚甚麼是貧窮。貧窮可以定義為一種狀態，就是人不能滿足基本
需要，過正常的社會生活。不過，何謂基本需要取決於我們所處
的社會，例如在現代的都市化社會，電話是一種基本需要；但在
發展中的國家，電話就不一定是基本需要。貧窮可以分為兩種，
一種是相對貧窮，另一種是絕對貧窮。所謂相對貧窮，通常是用
來指稱在已發展國家出現的貧窮，基本上窮人沒有生存的問題，
只是不能過一種有「體面」的生活，例如不能擁有一般人的娛樂
和休閒活動，至於貧窮線如何釐定，則有不同的標準。至於絕對
貧窮，指的是指缺乏資源，生命和健康隨時都受到威脅，絕對貧
窮一般出現於那些低度發展的國家。

根據聯合國 2012 年的統計，在全球 193 個國家之中，有 48 個被
判定為最低度發展的國家，亦即是最貧窮的國家，大部分位於非
洲。目前世界約有 70 億人口，大概五分之一處於國際貧窮線之
下，在這 14 億人當中，有三分之二是文盲、營養不良，及欠缺
基本衛生設施，這就是絕對貧窮。但其實貧窮國家也不乏豐富的
天然資源，例如剛果就是全球鑽石產量最多的國家，但由於政府
管理不善，非法買賣，搶劫，走私和貪污的情況十分嚴重。很多
貧窮國家的政權都是獨裁的，軍事開支遠遠超過教育和醫療。要
解決貧窮國家的絕對貧窮問題，單是援助並不足夠，必須透過教
育，提升人民的知識水平，更重要的是改革政府，但這也是最難
做到的。

如何解決世界貧窮

在自然資源是共有這個前提下，有人提出以下的方法來解決世界貧窮的問題。

差異原則	應用到全球層次，只有改善貧窮國家人民的生活，才容許開發自然資源而得益
繳交資源稅	由全球性組織作重新分配，用來幫助貧窮國家的人民

至於在已發展的國家中，又如何解決相對貧窮的問題呢？我認為可以用「派錢」的方法。2016 年瑞典舉行了一次歷史性的投票，就是有關「不工作收入」的議題，即是不工作也有基本的收入，而這個收入可以令我們過體面的生活。雖然這個議題被否決了，但其實甚具前瞻性，因為隨着科技的進步，生產力的不斷提升，我們將來可能會過一種不用工作的生活，而事實上，很多工作將會被機械和人工智能所取代，不只是勞動的工作，也包括了會計和律師等專業，據說二十年後就會有近一半的工作會被取代。當然，我們並非沒事可做，例如照顧年幼的子女和高齡的父母，一直以來，這些都是無薪的工作。其實沒有工作的基本收入並非甚麼新鮮的概念，著名經濟學者費利民早就說過，他認為這可令人過有尊嚴的生活，而且也用不着社會福利，節省了有關的行政開支。

安全問題

安全其實是一種心理狀態，跟周遭的環境有關，任何危害社會的事物都可以令我們感到不安全，例如戰爭、疾病和天災，甚至貧窮都可以對我們的安全構成威脅。在今日全球化的時代，威脅就更加多元化，例如黑客入侵互聯網、跨國犯罪、環境污染、恐怖襲擊等都威脅着國家安全。不過，一般來說，對國家安全的最大威脅還是別的國家。在一國之內，政府可以使用警察和法律來維持社會秩序，保護人民的生命和財產；但在國際的層次，由於國家主權之上並沒有更高的權威，國際社會更像霍布斯所講的自然狀態，充滿暴力、欺壓和混亂。每個國家都要為了自身的安全而防範別國的侵略，美國經歷了 911 的襲擊之後，就以國家安全為理由，限制了人民不少自由權利。至於那些極權國家，動輒也以國家安全為理由，拘捕異見者，將任何批評政府的聲音視為危害國家安全；但究竟這些國家是否真的害怕，或只是清除異己的藉口呢？安全也是一種主觀的心態，或者那些極權國家的領導人真的充滿恐懼，有趣的是，極權主義是以恐懼為統治的方法，就連領導人本身也無法免於恐懼。

要保護國家安全，首要的工作就是自身的軍事力量，能否足以保衛國家；有時增加軍事實力只不過是想阻嚇敵國，但結果反而引起了軍事競賽，或者反過來令敵國感受到威脅，最終引發了戰爭。其次就是外交，在國際上結交盟友，共同抵禦敵人，例如在美蘇冷戰時期，就有北約和華沙兩大聯盟對峙，選擇盟友其實十分重要，因為那是關乎國家安全。自從蘇聯解體之後，新的政治

聯盟也在蘊釀之中，一方是自由民主陣線的國家，另一方是極權主義的國家，當中又涉及唯物思想和宗教的意識形態，令形勢錯綜複雜。

軍事和外交屬於「明」的行動，但有時更重要的是「暗」的行動，即搜集情報，正如孫子所講「知己知彼，百戰百勝」，要打敗敵人，就要先了解你的敵人。情報不限於軍事，也包括政治和經濟的情報，除了搜集公開的資訊，竊聽、攔截和破解對方通訊密碼也是常用的手法，更有間諜活動，向各國探取情報，掌握他們的計劃和行動，美國的中央情報局 CIA（Central Intelligence Agency）和前蘇聯的國家安全委員會 KGB（Komitet gosudarstvennoy bezopasnosti）都是著名的情報機構。在今日的互聯網時代，用黑客奪取機密情報十分普遍，而網絡的安全也真的關乎國家安全。一方面要偷取情報，另一方面要防止國家機密外洩，所以反情報是很重要的防禦工作，因此就先要辨別敵國的間諜，有時甚至會發放假情報，擾亂敵人，又或者使用雙重間諜，收買對方的間諜為自己服務，或派臥底到敵方的情報機構工作。有時情報機構也會採取秘密行動，顛覆敵國的政權，消除威脅，這是一種介乎戰爭和外交之間的方法。例如美國的中央情報局在 1973 年就發動了推翻智利政府的行動。有時暗殺也是一個選項，那是以最少的成本，達致最大的效益，正是孫子所講的「不戰而屈人之兵」。

軍事	增強軍事實力，阻嚇敵國
外交	跟別國結盟，共禦外敵
情報	使用衛星、入侵互聯網、派出間諜等

近年美國跟北韓和伊朗的衝突持續，令人擔心會爆發第三次世界大戰，也必定是核子戰爭，嚴重程度有可能毀滅人類。雖然目前我們有像聯合國這樣的國際組織，但其對於維持世界和平的影響力卻未許樂觀，因為聯合國的安全理事會被大國把持，那些常任理事國如美國和俄羅斯具有否決權，他們往往以自身國家利益否決大部分國家贊成的議案，所以澳洲哲學家辛格（Peter Singer）就認為安全理事會必須作出改革，如廢除常任理事國的制度和增加成員。正如前面所講，國際關係像霍布斯所講的自然狀態，沒有道德和法律可言，最後還是看誰有（軍事）力量——單看各國龐大的軍事經費就可以知道軍備的重要性。

近年敘利亞發生內戰，產生了大量難民，這些難民通過不同途徑進入歐洲，對歐洲國家造成很大的負擔。雖然歐盟是一個高舉人權的組織，但歐洲已出現反對的聲音，德國更有極端民族主義者襲擊難民營，更有些國家主張修改《神根公約》（*Schengen Agreement*），收緊歐洲各國之間的邊界開放，以防止難民從別的歐洲國家進入。除了戰爭難民，還有政治難民，政治難民是指受到政治迫害的人，政治迫害可以源於政見不同，也可以是由於性別、種族和宗教的不同而造成。聯合國在 1951 年的日內瓦《難民地位公約》（*Convention Relating to the Status of Refugees*）承諾，

因戰爭、驅逐和迫害的難民都可得到其他國家的收容，但目前有很多因為飢餓和安全問題逃離家園的人沒有得到「難民」的資格。一般來說，即使是民主自由的國家，也不會給予這些「經濟難民」庇護權，因為他們只是想過更好的生活，純粹由於經濟因素，並非遭受政治迫害。也許現在我們需要檢視難民的定義。

從道德的角度看，我們應該幫助有需要的人；但從現實的角度看，個人的能力有限，國家也一樣，收容難民也有一個限度，也許這就是理想和能力的落差，更何況國家有責任先照顧自己的人民，而那些輸出難民的國家，反而應該負上主要的責任。要解決難民的問題，就要先解決難民的源頭，正是這些不負責任的國家，沒有好好照顧自己的人民，戰爭也多數是政府管理不善造成，敘利亞內戰就是一個很好的例子。即使是碰上天災，有些國家還是能夠處理得當，不會爆發難民潮，例如日本在 311 地震海嘯發生之後，亦能有效維持社會秩序。有時政府經營不善，會導致失業、貧窮的問題，就連國家都要破產，產生大量經濟難民，例如委內瑞拉自 2013 年經濟陷入危機，導致難民潮，至今已有 260 多萬人湧入哥倫比亞及鄰近國家。目前也有大量中美洲難民經過墨西哥湧到美國，美國總統川普（Donald Trump）為了堵截這些難民，已在美國和墨西哥邊境興建圍牆。當然，經濟難民也有輕重之分，像委內瑞拉這個經濟破產，貨幣暴跌，以平均每 26 天貶值兩倍的國家來說，就是十分嚴重。產生難民的國家大部分都是獨裁政權，也許歷史已經證明了，在現代社會，民主確是管理國家的最好制度。

問題國家 (多數是極權)
1. 管理不善
2. 政治迫害
3. 發動戰爭
4. 破壞環境

難民

對繁榮國家 (多數是民主自由)
構成威脅和負擔

公正的制度

要繁榮發展，必須要穩定，而穩定的基礎就在於公正的制度。不
公平的社會，獲得財富的人可能是通過貪污或賄賂的手法；而
在公平的社會，較多是通過自己的努力，累積財富。雖然將人分
為好人和壞人會過分簡化，因為其實人是很複雜的，但大抵上可
以說，在人權和機會平等得到保障的社會，會有較多好人成為富
人，而在不公平的社會，則較多壞人會成為富人。美國長年的首
富蓋茲 (Bill Gates) 就捐出大部分財產作慈善、救濟或改善社會
之用，例如他資助研究再生的能源、致力消除小兒麻痺症、用循
環再用的方法使非洲有乾淨的食水等。

公正涉及自由和平等兩種價值的平衡，如果沒有堅持正確的共產
主義理念，則可能走向平等的極端，認為富人剝削窮人，所以打
倒富人是正義的，但這種扯平主義會影響經濟和繁榮。共產主義
的可貴地方是重分享，但正如「經濟」那一篇所講，強迫分享就

不算是真心的分享，而且不先擁有又怎分享呢？我們應該追求的是平等待人和機會平等，並不是結果平等，所謂平等待人不一定是待人要一樣，有時待人要不同才算是平等待人，例如在商場我們會有傷殘人士專用的洗手間，相比於人數眾多的非傷殘人士，傷殘人士就能獲得不同的對待，但這樣才是真正的平等待人。為了追求結果平等，美國有些大學會預留一些學額給黑人學生，很明顯，這是優待黑人，因為過往黑人受到歧視，令他們身處於社會的低下層，這是補償性的措施，卻引起很大的爭議，因為它違反了機會平等的理念，大學收生只應考慮成績和能力，種族和性別都是不相干的因素。

至於像海耶克和諾齊克這類自由主義者則走向了另一個極端，他們都反對財富再分配的社會正義。海耶克認為自由能促進繁榮，即使自由經濟會帶來經濟不平等，但現在的一個普通人，擁有的物質享受連古代帝皇都沒無法得到，例如空調冰箱；而經濟不平等造就的富有階層，有能力購買價格高昂的產品，這其實有利於創新和發明，後來這些產品都得以普及，令大眾受惠。諾齊克則堅持財產權是人的基本權利，不容侵犯，而用稅收作財富再分配，以求減少貧富的差距就是侵害財產權。但問題是，追求社會正義和某種程度的平等（如機會平等）真的會嚴重損害我們的自由嗎？

自由與平等

馬克思和諾齊克像是處於兩個極端,而洛爾斯 (John Rawls) 則界乎兩者之間 (中間偏右),是較注重平等的自由主義者。

　　　　馬克思　　　　　洛爾斯　　　　　諾齊克
　　　　平等 ◄──────────────► 自由

洛爾斯的《正義論》正向我們表明,可以在不損害自由權利的情況下追求公正和平等。洛爾斯指出,在現實上,大家對於如何分配社會利益和權利,很難有一致的答案,因為每個人都各有特殊利益,於是他設計出一個原初境況,讓理性、自由和平等的人進行討論,選擇出大家都同意的公正原則。洛爾斯說,當大家進入這個原初境況時,就會忘掉自己的身分,包括性別、年齡、才能和社會地位等等,這個設計是使我們不可能選擇那些對我們自身有利的原則,當我們討論用甚麼原則分配時,就會將自己設想為社會上處境最不利的人。洛爾斯認為在原初境況中,我們最終會同意兩個原則,一個是所有人擁有最大程度相同的自由和權利,第二個是容許社會和經濟利益如財富作不平等的分配,不過條件是要對社會上處境最差的人有利,及確保機會平等。換言之,自由、權利和機會要作平等的分配;至於財富、收入、權力和地位則容許不平等的分配,這正好對應平等原則的兩部分。

平等原則 vs 公正原則

平等原則	公正原則
涉及社會利益時，要對人作相同的對待	自由、權利和機會要作平等的分配
除非兩者的的差異可以證立不同的對待	財富、收入、權力和地位容許不平等的分配，條件是對社會上處境最差的人有利

結語

繁榮有着相對性，例如在中國古代，那是小農經濟，君主專制和家族社會，在這種格局自有它的繁榮，當然不可以跟資本主義下的繁榮相比。對於今天科技急促發展的全球化資本主義時代，繁榮的意義可不一樣，現在我們要追求的是全球的繁榮，全球的繁榮有賴全球的正義，那就是建立全球的秩序。

有了自由，人就可以發展潛能，帶來社會的繁榮，越是繁榮，也越開展人的自由，自由既是繁榮的因，也是繁榮的果。繁榮除了經濟之外，還有別的含意，比如說繁榮是多元的，多元的社會就好像一個百花齊放的花園，是美麗的；繁榮也可以是追求卓越。我認為，美麗和卓越有助我們提升到超越界，那是哲學講的形上境界，也是宗教講的神秘的領域；繁榮除了世俗性之外，也有着超越性的層面，欠缺精神價值的經濟繁榮是空虛的，也不會持久。

在西方藝術史中，印象主義處於一個時代的轉折，一方面它代表着傳統藝術發展的極致，另一方面它又是現代藝術的開端。莫奈（Oscar-Claude Monet）正是印象主義的最具代表性畫家，他善於捕捉景物在陽光下的微妙色彩變化。莫奈晚年定居於吉凡尼，建造了一個理想的花園，有睡蓮和日式橋，包括《日本式步橋》（The Japanese Footbridge）這個題材的畫他了 12 張之多。個人認為，最能象徵繁榮的是花園，所以我選擇這張畫為這一篇的代表。

《日本式步橋》（1899 年）

作者：莫奈
原作物料：油彩
尺寸：73.7 × 92.7 cm

繁
榮

科學

$E=mc^2$

中學時，我就讀理科，也特別喜歡理科，因為好像能為所有問題提供客觀的答案，即使有些內容很難理解，但你知道答案是存在的，所以理科總給人一種值得信賴的感覺。後來升上大學，也很自然選讀理科；但開始發覺不大適合自己，尤其是做實驗，對我來說真的是很痛苦，待在實驗室裏幾個小時實在不好受。很奇怪，這個時候我喜歡了繪畫，有一種很無拘無束的自在感覺，於是毅然轉校改讀藝術，就像是由一個極端走到另一個極端。相比於科學，藝術真是虛無縹緲得多，甚麼是藝術？藝術的好壞標準在哪裏？全都沒有客觀的答案，但藝術對我來說，倒是十分實在，而科學也並非我中學時想像得那麼客觀，因為科學研究也受着研究員的價值觀、期望、偏見或利益所影響。

對一般人來說，被人說是不科學，也等於不理性、不客觀、甚至是迷信。不過，他們未必清楚科學是甚麼，只是從科技的層面了解到科學的效用。事實上，誰掌握最先進的科技，誰就能領導世界，只要看看目前的 5G 爭霸戰就會知道。

的確，科學是客觀的，因為科學能夠公開經驗證據和研究程序，讓其他人檢視；科學又可以量化，作準確的預測；科學也沒有國家或種族之分，當年納粹黨試圖建立所謂德國人的物理學，只不過是我族中心主義的表現，科學是超越國界和地域的。但問題是，由於科學的成功，不少人都視科學為唯一的真理，產生了科學主義；其他學科都要跟科學看齊，就連哲學也不能倖免，模仿科學的研究形式和論文寫作，喪失了自己的獨特本性，此可謂「科學霸權」。

何謂科學？

據說中國在明代的時候，科技上還是領先世界的，直到十七世紀西方出現科學革命，現代科學誕生，很快就超越了中國。所以有人說，中國縱使是文明古國，有所謂四大發明，但只有科技，沒有科學，科技發展到某個地步就不能有所突破。研究中國古代科學的著名學者李約瑟（Joseph Needham）就提出了這個問題：「中國古代對人類的科技發展作出了很多重要的貢獻，但為甚麼科學

和工業革命沒有在近代中國出現呢？」其實在李約瑟之前已經有學者提出類似的問題，例如任鴻雋寫了一本書《中國無科學之原因》（1915 年），馮友蘭也寫了一本書《為甚麼中國沒有科學——對中國哲學的歷史及其後果的一種解釋》（1922 年）。但要回答這個問題，就得先弄清楚科學是甚麼。

科學的拉丁原文是 scientia，意思是知識，從這個角度看，幾乎所有學科都能夠稱為「科學」，數學和邏輯可以叫做形式科學，物理學和化學是自然科學，經濟和政治學稱為社會科學，就連藝術和哲學也可正名為人文科學。不過，我認為這樣定義「科學」實在太闊了，也失去了這個詞的特定指涉功能。通常我們講的科學是指自然科學，研究的是自然現象，這是狹義的科學；但有時泛指採用科學方法來研究的學科，這樣，心理學、社會學，甚至歷史都可以稱為科學，這是廣義的科學。

四種科學

科學	性質
形式科學	提供思考法則，是建立其他知識的工具，如數學
自然科學	尋找定律，作出說明和預測，如物理學
社會科學	提供了解社會和自身的觀點，如社會學
人文科學	展示人文價值的關懷，如哲學

自從十七世紀現代科學革命出現之後，科學的發展突發猛進，科學也成為了知識的典範，其他知識亦以科學為其標準，若不符合的話，就不算是嚴格的知識。但究竟科學給予我們甚麼知識呢？簡單來說，那就是普遍性的知識：不只是孔子會死，而是所有人

會死；不只是今天太陽由東面升起，而是每一天太陽都由東面升起；不只是這塊鐵是導電體，而是凡金屬皆為導電體；不只是蘋果會受萬有引力所影響，所有物體都一樣受影響。有了這些普遍性的知識，我們就可以作出預測，有利生存；也可以用來產生科技，改善生活。

但難道古代科學就不是追求普遍的知識嗎？古代科學和現代科學的分別又在哪裏呢？或者比較亞里士多德和伽利略（Galileo Galilei）如何研究可以得到答案。有人說科學的本質是歸納法，最早提出歸納法的是亞里士多德，那是從觀察歸納出普遍性的知識，雖然亞里士多德主張觀察，但並不重視實驗，而且缺乏量化的研究（原因是沒有應用數學），數學的應用和實驗正是現代科學的特色，伽利略就是用實驗推翻了亞里士多德的自由落體理論，並且將自由落體定律陳構成一條數學公式，這樣就可準確預測自由落體到達地面所需的時間。

另外，也有必要區分科學和科技。簡單來說，科學是一種純理論的探求，旨在找出自現象背後的普遍定律，而科技則是科學的應用，產生實際的效益。這樣看來，我們是先有科學，然後才有科技；但其實科學和科技是互為因果的，例如有了望遠鏡，我們的天文知識會更加準確和豐富，有助牛頓（Isaac Newton）創造出古典物理學，又例如有了顯微鏡，我們才可以發展出細胞的理論。由於實際效益對科技的渴求，也會影響科學研究的方向，科學家並不是我們想像中那麼超然，只是為了尋求真理，因為科研需要龐大的資金，若沒有經濟或軍事效益，又有誰會投資呢？

如果科學的意思是指對自然現象作純理論的探究，並應用數學和實驗來尋找真相的話；那麼，中國古代的確欠缺科學。不過，早於春秋戰國時代，我們卻有一個科學的萌芽期，那就是墨家思想。墨家不但重視邏輯推論，也發現了不少光學和力學的原理，如滑輪、槓桿和斜面，並應用到日常生活，製造出雲梯等工具。有人甚至認為墨家已發現了牛頓的第一條運動定律，《墨經》表達了類似的意思，即「運動之所以停止，是因為受到阻力。沒有阻力的話，運動是不會停止的。」如果這是真的話，那就比牛頓早了差不多二千年發現了這條定律。可惜的是，自從秦朝統一天下，墨家沒落了，而其邏輯和科學思想也沒有得到繼承。

若以追求普遍定律作為科學的標準，那麼恐怕社會科學尚未達標，到目前為止，我們還沒找到可以跟自然科學相提並論的普遍定律。在社會科學當中，經濟學算是最接近自然科學的，但卻沒有經濟學家能夠成功準確預測金融風暴的來臨。如果能夠找到社會現象背後的普遍定律，那就可以像自然科學一樣作出準確的預測，解決很多問題，例如貧窮、犯罪和戰爭等，這將大大改善人類的生活，所以有人主張尋找普遍性定律正是社會科學的努力方向。但亦有人認為，社會科學研究的對象令它不可能得到自然科學般的普遍定律，其中一個主要原因是研究者和研究對象屬於同一個層次，理論本身會影響研究的對象，例如經濟學假定人是自利和理性的，會追求利益最大化，這個假定就會影響我們的行為，令人變得更加自利。

海耶克 vs 波普

海耶克和波普（Karl Popper）二人有很多相似的地方，大家都是奧地利人，都是因政治不穩定移居外地，也對像納粹黨這樣的極權主義作出嚴厲的批判。二人彼此認識，海耶克亦受到波普的否證思想所影響。不過，兩人對理性和科學的看法仍有很大的差異。

	海耶克	波普
理性	反對唯理主義，特別是理性的建構主義	主張批判理性主義，通過經驗和批判，消除錯誤的假設
科學	反對將自然科學的方法應用到社會科學	主張社會科學跟隨自然科學的模式

科學方法

有人認為科學的本質在於科學方法，但甚麼是科學方法呢？在科學研究的過程中，概推、類比、計算、實驗、觀察等等方法都會使用，全部都可以稱為科學方法，但我認為假設演繹法才是科學方法的核心，也是科學研究的程序。雖然假設演繹法有不同的版本，但其實都是大同小異，差別不多。不過，對於假設演繹法是演繹法，還是歸納法就有爭議性。

假設演繹法分為三個步驟，第一步是提出假設，提出假設是對有關問題的猜測性回答。科學假設有兩個主要來源，一個是歸納得來，例如觀察過的金屬都可以傳電，於是歸納出「所有金屬都是導電體」這個定律；另一個是依靠想像力創造出來，是那些較為

抽象科學理論假設的來源，例如愛因斯坦（Albert Einstein）的相對論，這就是為甚麼愛因斯坦說想像力比知識更重要的原因。在提出假設方面，類比思考也佔了一個很重要的位置，在推論上，類比屬於歸納法，但用來形成假設時，類比又需要一定的想像力。類比思考的獨特之處在於，它彷彿是一條橫跨批判思考和創意思考的橋樑，引領我們由理性思考走到創新發明，正如康德所講：「每當理性思考缺乏可靠論證引路時，類比往往可以給予我們方向。」宇宙森羅萬象，事物之間雖然千差萬別，但也存在着相似的結構，這是類比思考背後的根據。例如在宏觀的世界，行星環繞恆星而旋轉，而在微觀的世界，電子也一樣環繞原子核而旋轉，模式何其相似，科學家凱庫勒（Friedrich August Kekulé von Stradonitz）也是從前者得到靈感，類比出後者。

第二步是由假設（加上先行條件）推論出一些可觀察現象的命題，這一步是演繹推論，這也是「假設演繹法」中演繹的意思。這一部分又稱為「科學說明」，由說明項和被說明項所組成，說明項包括了科學假設和先行條件，被說明項是由說明項演繹推論出來。如果那個事件（被說明項）已經發生了，就叫做說明了那個事件，如果那個事件還未發生，就可以說預測了那個事件，科學說明和科學預測是同構的。

第三步就是驗證假設，我們憑着這些可觀察的現象去印證或否證假設。如果實驗結果是正面的話，假設就得印證，越多的實驗證據就越印證這假設為真，但不可以百分百確定為真，因為這是歸納法，不是演繹法，所以有人認為假設演繹法的本質是歸納法。

如果實驗結果否定的話，就可推翻這個假設；因為這是演繹法，其論證形式為「如果 H 則 O，非 O；因此，非 H」，H 是假設，O 是實驗結果。假設被推翻，我們就要從新提出的假設。波柏認為假設演繹法的本質是演繹法，原因是他只接受科學假設被否證的推論，但不承認科學假設得到印證的推論；但實情並沒有這麼簡單，因為被否定的其實是「假設加上先行條件」，所以不一定是假設有錯，也可能是先行條件出問題。

假設演繹法三步曲

假設演繹法	提出假設	依靠想像力和創造力	創意思考	▷ 創意思考
		類比推論	批判思考	
		概然推論	歸納推論	
	推論出可觀察的命題	科學說明	演繹推論	
	驗證假設	印證假設	歸納推論	批判思考
		否證假設	演繹推論	

大抵上，第一部分提出假設主要屬於創意思考，至於第二和第三部分則屬於批判思考。胡適有一名句：「大膽假設，小心求證」，正對應着第一和第三部分。要注意的是，科學假設不一定是普遍定律，也可以是個別真相，說明某個特定現象出現的原因，例如說明宇宙如何產生的大爆炸理論。有時假設多過一個，那我們就需要運用最佳解釋推論（這也是一種歸納法），那是在現存的證據和各種假設中，找出一個最合理的假設來解釋，類似在兇殺案的偵緝過程中找出誰是兇手。科學的進步就是依靠驗證，不斷累積知識；也需要否證，推翻舊有的科學理論，例如愛因斯坦的相對論推翻了牛頓的物理學。現代物理學中，在宏觀世界我們有相

對論，在微觀世界則有量子力學，這些知識有一天也可能會被推翻，到時我們的知識就更進一步，更準確和更豐富。

科學烏托邦 vs 反烏托邦

在可見的未來，科學將會大大地改變人類的社會，一個重要的改變就是人工智能的興起，未來大部分的工作都可交由電腦和機械負責，很多職業將會消失；另一個重要改變則是來自基因改造，未來的人類將會變得更加強壯和聰明，也有可能跟機械結合，就好像七十年代日本電視劇《無敵鐵金剛》中的改造人。

對於科學的進步，通常有兩種對立的極端主張，一種持樂觀的態度，視科學為萬能，科學進步能為人類解決一切問題，從此我們就可以過着理想和舒適的生活，可稱之為「科技烏托邦」。其實早於十七世紀，英國哲學家培根（Francis Bacon）就有這樣的構想；王爾德（Oscar Wilde）在 1891 年出版的《社會主義下人的靈魂》（*The Soul of Man under Socialism*），也描述了一個社會主義式的天堂，所有乏味的勞動性工作都被機械取代，這樣我們就可過着真正有意義的生活。未來學家庫茲維爾（Ray Kurzweil）更認為科技的發展將會徹底改變人類的社會，科技不但可以解決資源問題，醫治所有疾病，還可以令人長生不死，例如當人的肉體快要死亡時，將人的意識上載於電腦，然後再下載於新的肉體。

但亦有人對科學發展抱着悲觀的心態，擔心人類會被科學的巨大力量所毀滅，於是產生出反科學的思想，主張人類最好就是回歸簡單的田園生活，這跟「科技烏托邦」完全相反，不妨稱之為「反烏托邦」。十九世紀出現的小説《科學怪人》(*Frankenstein*)，可以説是對科技恐懼的最早反映；二十世紀作家赫胥黎 (Aldous Huxley) 寫了一部小説，叫做《美麗新世界》(*Brave New World*)，就是要我們提防科技進步會帶來一個反烏托邦的悲慘世界，這是一個階級分明的極權社會，所有人都被科技嚴密控制。

我認為對科學過分樂觀的想法是一種迷信，因為科學不能處理價值的問題，科學只能夠告訴我們事物之間的因果關係，例如怎樣興建核電廠，但應否製造核子彈，那這就是價值的問題；又例如人生意義和社會正義等問題，都不是科學能夠解答的。

四種科學迷信

第一種迷信	相信凡不能被科學證明的都是假的	犯訴諸無知的謬誤
第二種迷信	相信科學能解決人類的所有重要問題	混淆事實和價值
第三種迷信	相信只要有科學能解釋某個現象，就表示解釋成立	犯了肯定後項的謬誤「如果 H 則 O，O；因此 H」H 代表科學解釋，O 代表現象
第四種迷信	相信一切被冠以科學之名的東西，例如所謂「量子閱讀法」	完全不認識科學，科學盲

我認為在科技烏托邦和反烏托邦背後，隱藏着科學和道德的對立。表面上科學處理事實，道德關注價值，好像是各不相干，只要兩者不潛越對方的領域就沒有問題；但其實兩者有着潛在的衝突，那就是道德預設了人有自由意志，而科學則預設了因果律，我們的行為也受因果律的支配，我以為自己可以做決定不過是錯覺，人根本沒有選擇的自由，這樣道德也變得沒有意義。康德對這個問題的解決方法是將科學和道德歸入不同的範疇，科學研究的是現象世界，而道德則屬於本體界。的確，一直以來，道德的基礎在於宗教，有着超越的根據；但我們亦可嘗試從科學的角度說明道德，例如以《自私的基因》(*The Selfish Gene*) 聞名的道金斯 (Richard Dawkins) 就用進化論來說明生物的利他行為。

另一個科學和道德對立的原因是科學越發達，人就越墮落。因為科學帶來物質文明的進步，容易滋生享樂主義，不利於德性的培養。科技進步也帶來了諸如墮胎、安樂死、人工生殖等技術，引起道德上的爭論。的確，如果沒有現代科技，就不會產生這些道德問題；所以有人認為科技會危害道德，將道德和科學推向完全的對立面。不過，科學發展是勢不可擋的，那些試圖摒棄科技，回歸自然的想法根本是行不通的，而所謂科技和道德的對立只不過是科學跟人文產生了差距；也可以說是人文學科追不上自然科學，以致出現了幹細胞研究和複製人的爭議。

生殖科技的道德問題

雖然科學能改善我們的生活，令我們更舒適和方便，但科技的進步亦為我們帶來了很多倫理上的問題，特別是生殖科技。生殖科技可以幫助不育夫妻產生下一代，例如人工受精和體外受精，雖然兩者已被社會接納，但體外受精還是有爭議的，那是將卵子從妻子的體內從取出，在試管內受精，然後再放回子宮培養；但為了增加受孕的機會，通常的做法是令多個卵子受精，最後必須棄掉多餘的受精卵，如果受精卵是人的話，那就是謀殺了。

如果丈夫的精子、妻子的卵子或子宮有問題的話，那就要使用夫婦以外第三者的精子、卵子或子宮的生殖方法，這涉及複雜的倫理問題。若借助他人的精子，用人工受精的方法令妻子懷孕；孩子就會有兩個父親，一個是血緣上的父親，另一個是名義上的父親。若妻子借助他人的卵子，用體外受精的方法受孕，再將受精卵放回母親的子宮培育，孩子也有兩個母親，一個是血緣上的母親，另一個則是十月懷胎的母親。有些妻子的子宮結構有問題，不能懷孕，那就要借助別人的子宮來孕育下一代，這就是代孕母。如果卵子來自委託人，孩子也有兩個母親，一個是生母，另一個是養母，但生母不是血緣上的母親，養母才是。如果卵子來自代孕母，那就會有販賣嬰兒的問題，因為代孕母通常是收費的，也會產生代孕母對孩子的權利問題。

現在科技可使生育獨立出來，脫離婚姻關係，就連獨身人士也可以用這些方法得到孩子。另外，男同性戀者可以用代孕母的方法

生產下一代，女同性戀者亦可以用他精受孕的方法得到子女。以上種種生殖模式都會對現有的家庭制度造成衝擊，可以想像，將來的社會必定會產生巨變，因為家庭是社會穩定的重要因素。

更大的爭議的還是複製人和改造人類的基因，著名德國哲學家哈伯瑪斯在《人性的未來》（*The Future of Human Nature*）一書中反對用複製技術生產下一代，因為孩子的基因一早就決定了，若變成設計出來的產品，不但有道德問題，亦會影響複製人的人格成長。至於用基因技術剔除人類的不良基因，消除所有遺傳上的疾病，如血友病、唐氏綜合症和地中海貧血病等等，那又如何呢？反對的聲音似乎不大，但若是刻意編輯優良的基因，產生智能和體能都十分優秀的基因改造人，那就另當別論。有人擔心這種改造自然的慾望會產生當年納粹黨的惡行；但當年納粹黨清洗他們認為是低等的猶太人根本就是嚴重違反人權，只要人權一日得到保護，以優生的名義來殺人幾乎是不可能的。但為甚麼父母透過基因技術改良孩子質素，增加他們的優勢有問題呢？有人批評基因改造就好像訂造孩子，會損害孩子的自主性，也影響人格的發展，跟哈伯瑪斯反對複製人的理由相似。亦有人擔心這種技術會造成不公平，因為富裕的人可用此技術來生產優質的下一代，而貧窮的人就只好用自然生育的方式，使後者的孩子因只有平庸的智能和體能，往後在運動競賽和學業競爭上都會被比下去，更糟的是，基因改造的孩子與自然生育的孩子會分化為兩個階級，產生嚴重階級不平等、對立等問題。

體外受精	需要殺害多餘的受精卵
第三者的精子	孩子有兩個父親
第三者的卵子	孩子有兩個母親
代孕母	孩子有兩個母親，也有販賣嬰兒和代孕母的權利問題
同性戀者使用生殖科技	衝擊家庭結構
複製人	會影響孩子的人格發展
基因改造	產生不公平的問題，及損害孩子自主性

結語

在人類的各種領域中，相信最能代表進步的就是科學，在藝術上，我們今天還在欣賞古希臘的神殿和雕塑；但在科學上，我們根本不用讀亞里士多德的物理學，只需學習最新的物理學知識便可。科學之所以重要，就是因為透過科學研究，我們可以發現自然的定律，了解自然現象，然後應用這些科學知識，解決我們生活上的各種問題。不過，正如前文所言，科學只能解釋事實，卻不能處理價值問題，例如人生有甚麼意義，這正是事實和價值的分別。

目前人類科學的發展似乎到了一個樽頸位置，我認為主要涉及兩個問題。一個是人文和科學的差距，在可見的將來，人類會面對很多跟科技發展有關的倫理問題，如基因改造、複製人、大數據

監視等等。雖然人類一方面恐懼科技，但另一方面又抵擋不住科學巨大力量的誘惑。如果人文價值追不上科學發展的話，這些科技將會為人類社會帶來很大的衝突，甚至是災難，先不要説核彈的發明足以毀滅人類，即如《一九八四》描述的監控世界已經足夠恐怖；另一個問題是科學和宗教的對立，其實真正與宗教對立的不是科學，而是科學背後的唯物論，我認為先要解除唯物論的思想局限（科學不一定要預設唯物論），科學才能夠有進一步的突破。現在最新的物理學課題所探索的多次元宇宙和上帝粒子，我認為這些研究已觸碰到宗教所描述的神秘領域；我亦相信宇宙航行涉及宗教所講的另一個空間，若認定宗教所説的全是迷信的話，那科技就不可能有所突破。

達利（Salvador Dali）是超現實主義的代表性畫家，擅長用寫實的形式表達潛意識的意象。經歷了第二次世界大戰，達利轉向了原子科技和宗教的題材，並將古典主義和超現實主義結合起來。《原子的麗達》（*Rita and Goose*）就是轉折時期的作品，達利將自己的妻子描繪成麗達，麗達是古希臘的一位絕色美女，眾神之首宙斯因愛不遂，於是將她變成了天鵝。超現實主義風格雖然怪誕，但此畫卻給人一種寧靜安詳的感覺。

《原子的麗達》(1949 年)

作者：達利
原物料：油彩
尺寸：45.3 × 61.1cm
收藏：菲格拉斯達利戲劇美術館

歷史

歷史是不斷重複，
也不斷演進。

中學時讀歷史很簡單，只需要背誦一堆人名、地名和年份，以及朝代興亡的原因便可，這些原因都是大同小異的，不外乎是皇帝昏庸、外戚宦官專權、地方割據、外族入侵之類；可是，這樣讀歷史會很乏味，不過是為了應付考試，考試一完，很快就會忘記得一乾二淨。但這並不表示我對歷史毫無興趣，我最愛聽的是那些歷史故事，例如「四面楚歌」、「鴻門夜宴」、「破釜沉舟」等，這些歷史情節就如戲劇一樣，事實上，正是這些歷史改編而成的電視劇和電影，引起我對歷史的興趣。

傳統讀書人相信中國有着五千年的悠久歷史，那是根據《史記》三皇五帝的記載來計算，但至二十世紀初，受西學影響，有學者質疑其可信性，以顧頡剛為首的疑古派就認為，中國的信史始於周代，因為《春秋》才是最早可信的歷史文獻；不過錢穆先生認為他們是過分疑古。還好，1928 年發現了殷墟遺址，印證了商代的存在，比起文字的記載，實物才是更客觀有力的證據。

即使三皇的事跡不是史實，只憑二十四史，已足見中華民族有深厚的歷史根基和意識。不過，每一朝代的歷史其實都是由下一個朝代所寫，例如明代的歷史就是清朝所寫，所以有人說，那不過是勝利者的歷史，其真實性或客觀性都成疑。亞里士多德說，詩比歷史更真實，他的意思是指普遍性（詩）跟特殊性（歷史）的比較，詩是描述可能發生的事；有人則認為戲劇比歷史更真實，歷史的人物和時間都是真的，但所記載的事件未必是真的；戲劇裏的人物是虛構的，但劇情往往是真實發生過的事。也許就是歷史的真真假假難以全知，才會如此吸引人。

何謂歷史？

歷史有兩個意思，一個是過去所發生的事，另一個是用文字將過去發生的事記錄下來，但文字的記載是選擇性的，大部分發生的事都沒有記載下來（當然，也不可能記載所有事情），而記載也可

能有誤（可以是無心之失，也可以是有意為之），所以我們需要不時更正歷史，這就是為甚麼歷史會不斷重寫的原因之一。除了記載有甚麼事發生之外，歷史學家還要解釋事情為甚麼會發生，由於解釋涉及行為背後的動機和意義，這就有詮釋的問題，也是為甚麼歷史會不斷重寫的另一個原因，因為詮釋可以有不同的角度。

原則上，凡是有過去的事物都有歷史；那麼，不但人類有歷史，宇宙有歷史，地球有歷史，就連一塊石頭也可以有歷史。據說宇宙已有 150 億年的歷史，太陽有 100 億年的歷史，地球則有 46 億年的歷史；那麼，人類又有多少年的歷史呢？一般所講的歷史，正是人類的歷史，特別是文明的歷史。談到人類的歷史，那就涉及人類的起源，究竟人類是被創造出來的；還是由低等的生物，經長時間演化而來呢？要注意的是，有演化的現象並不表示人類一定是由低等生物進化而來；若人類是被創造出來，創造者也不一定是上帝，也可以是外星的高智慧生物。

根據人類學的說法，最早的人類是出現於三百萬年前的直立人，因為直立是人和猿的主要分別，但這種說法其實是假定了進化論的觀點，人和猿有着共同的祖先。不過，亦有傳說人類有着四億年的歷史；換言之，恐龍時代已有人類存在，而在這悠長的歷史裏，人類不知經歷過多少次文明的生滅。根據柏拉圖的記載，一萬多年多前，曾經存在亞特蘭提斯文明，這是一個科技先進的文明，據說整個大陸沉沒在大西洋百慕達三角的海底，而金字塔的原型就是來自亞特蘭提斯文明。在「藝術」那一篇，我們也提到

一個比亞特蘭提斯更古老的先進文明，叫做雷姆利亞文明，「雷姆」是狐猴（Lemur）的名稱，牠們生活在非洲東面的馬達加斯羣島上，但這些島嶼是被海水阻隔，在非洲大陸上是沒有狐猴的，反而在印度洋島嶼上有狐猴存在，由此可以推論這些島嶼在過去是相連的。換言之，由非洲東面到印度南面的海洋，即印度洋，曾經存在一大片陸地，這就是雷姆利亞文明的所在地。

我認為，歷史主要是人類文明的演進。現在地球以科技為主的文明似乎已到了一個關鍵時刻，跟傳說中的先進遠古文明也有些重要的分別，現在是一個全球性的文明，而人口也是前所未有之多，究竟她會否像這些遠古文明般滅亡，還是有進一步發展的可能呢？

傳說中的幾個遠古人類文明

年代	文明	位置	特性
16 萬年前— 15 萬 3 千年前	謬托蘭文明	南極（當時是溫帶）	重視健康和飲食生活的研究
4 萬 4 千年前— 2 萬 7 千年前	雷姆利亞文明	印度洋上的大陸	重視藝術和感性的鍛鍊
2 萬年前— 1 萬 5 千年前	穆文明	太平洋上的大陸	創造出使用太陽能的金字塔裝置
1 萬 6 千年前— 1 萬年前	亞特蘭提斯文明	大西洋上的大陸	由生命提取能源，結合金字塔科技，創造出飛船和潛水艇

在學科的分類上，歷史有時會歸入社會科學，因為我們可以用科學方法來研究歷史，找出歷史的真相，例如使用假設演繹法，假設歷史的真相如此，然後演繹出一些可驗證的命題。但有時我們又會將歷史歸入人文學科，充滿了人文價值的關係，那就難免要作價值的判斷，孔子的《春秋》不就是對歷史人物進行褒貶嗎？

歷史的性質不同於自然科學，自然科學是普遍的科學，我們可以通過實驗和觀察，尋找放諸四海皆準的普遍定律；而歷史則是具體的科學，它研究的是具體的歷史事件，旨在說明它為甚麼會發生及有何影響，例如玄武門之變就是一個獨特的歷史事件，不可以重複，所以歷史往往只有事後解釋。雖然欠缺自然科學的準確預測性，但仍可作為參考，這就是歷史鑒古知今的意義。人事現象跟自然現象有一個重要的分別，就是人有自由意志，但自然現象卻是獨立於人的意志之外。在歷史學上，研究者跟研究對象是同一個層次，這樣研究或預測本身就有可能會影響結果，例如有人預測 A 國會來進攻 B 國，但由於預測公開了，A 國知道 B 國已有防備，於是放棄了進攻，預測自然落空，這就是所謂「自殺式預言」。

基於以上的原因，自然科學和歷史知識就有一個明顯的分別，自然科學的特性是提供「說明性」的知識，旨在找出可用來預測的定律，有利於控制；歷史的特性是提供「解釋性」的知識，讓我們理解社會和歷史現象，繼而了解自己。就以馬克思的理論為例，作為實證性的科學雖然失敗，但仍可提供理解社會和歷史現象的角度，比如說資本主義社會的剝削和異化問題，加深我們對

自身處境的了解。還有，歷史研究也一定涉及價值判斷，無論在歷史事實的認定或解釋都是如此，但這並非不客觀，而是歷史知識的特性。

說明與解釋

說明	純粹機械性的因果律，能夠準確預測自然現象，例如物理學
解釋	涉及行為背後的動機和意義，有助人理解社會和自身，例如歷史

三種歷史觀

明白了歷史是一種解釋性的學科之後，那些所謂「歷史定律」都不過是用來解釋歷史的觀點，性質跟自然定律完全不同。雖然沒有唯一正確的觀點，但並不表示所有觀點都是同樣合理或適合解釋目前的處境。主要有三種解釋歷史整體的觀點，第一種是歷史退步論，第二種是歷史循環論，第三種是歷史進步論。

這三種觀點在中國文化都曾出現過，主流是歷史循環論，正所謂「合久必分，分久必合」，這種一治一亂的循環模式的確是中國傳統歷史的寫照，由秦大一統起，直到清代滅亡，都不過是朝代的交替，其政治制度和社會結構基本上沒有改變，而朝代興亡的原因都是大同小異，通常開國的君主都是有能力和抱負的，不然就不能擊敗其他競爭對手，有些還是平民出身，如劉邦和朱元璋；由於世襲關係，後來的君主都是長於深宮的職業皇帝，容易沉迷

於玩樂,朝政開始敗壞,人口增加造成壓力,土地兼併加深了社會的矛盾,加上天災和外族入侵,就是改朝換代的時候,戰爭令大量人口消失,代之而起的朝代又再重複這個過程。而這種歷史循環的觀點背後更有着「五德終始說」的支持,根據五德終始說,每一朝代都有一德,每一德都有興衰,朝代的更替就是由一德轉向另一德,這就是五行相剋的原理,以周朝為例,周屬火德,尚赤色,當秦始皇統一天下之後,就進行一系列符合水德的改革,如將朝服改為黑色,因為水剋火,取代周的一定是屬水德,這不過是利用五德終始合理化自己的政權。這種歷史循環觀有着農業社會的背景,農業社會跟四時的交替是息息相關的,所謂「春耕、夏長、秋收、冬藏」,正是滋長歷史循環觀的最佳土壤。

歷史退步論認為人類的美好時代都在過去,文明越發展,人就越墮落,正如老子所說:「失道而後德,失德而後仁,失仁而後義,失義而後禮」,歷史是每況愈下的。先秦的儒、墨、道三家其實都是復古主義,孔子推崇周公和文王,墨子主張夏禹之治,孟子則推舉堯、舜之道,老子則更「退一步」,回到伏羲。相比這三家,屬於法家的韓非則是進步論者,主張變古才能與時並進,韓非說:「上古競於道德,中世逐於智謀,當今爭於氣力。」古代是有德者為王;中世是春秋,重視智謀;當今就是韓非身處的戰國,道德和智謀都不管用,在爭氣力的年代,只有法治才能富國強兵,切合時代的需要。此外,我們也有儒家特色的進步觀,例如清末康有為根據《公羊傳》,主張社會進步的三世觀:據亂世、昇平世、太平世,但其實他的《大同書》已混入了西方社會進化論的思想。

這三種觀點在西方文化也存在，例如盧梭認為人類的黃金時代就在於自然狀態（未有政府出現之前），文明只會使人墮落，這正是一種歷史退步論。亞里士多德研究古希臘的政體，發現存在循環交替的情況，君主制會墮落為獨裁政治，這就會引致革命，建立民主制；民主制會墮落為暴民政治，改革為貴族制；貴族制則會墮落為寡頭政治，改革後又回到君主制，古希臘歷史學家波利比烏斯（Polybius）贊同這種政體循環論，這也算是一種歷史循環論。而現代學者史賓格勒（Oswald Spengler）則主張以文明為主體的循環歷史觀，文明就像一個生命體，會經歷「生、老、病、死」的階段，文明由誕生、發展到滅亡，他研究了七個古代文明，包括埃及、巴比倫、古希臘、中國、印度、阿拉伯、墨西哥，都已經衰亡，只有歐洲文明仍然存在，而他所寫的《西方的沒落》（*Der Untergang des Abendlandes*）正預視着歐洲文明的滅亡。至於進步的歷史觀則源於十八世紀的啟蒙運動，由於現代科學的出現，啟蒙運動的學者認為，通過理性就可以找到自然現象的規律，引領人類的進步，孔德（Auguste Comte）將人類的歷史分為三個階段，分別是神學時期、玄學時期和實證時期，實證時期使用的是科學思維，亦是最進步的。

三種歷史觀

歷史退步論	人類的黃金時期在於初民社會，文明越發展，人類越墮落
歷史循環論	歷史是不斷重複，人類沒有進步可言
歷史進步論	歷史是不斷發展，人類也不斷進步

歷史目的

在主張進步歷史觀的哲學家當中，有兩個非常重要，那就是黑格爾和馬克思（馬克思是受了黑格爾的影響），其特別之處在於歷史有一個終極目的，而歷史的發展就是向着這個目的邁進。

黑格爾認為，歷史有三個要素，變化，創新和進步。從黑格爾的角度看，中國是非歷史的歷史，因為中國的歷史（直至清末）只有改朝換代，並沒有任何革命性的改變。黑格爾說，歷史是理性的顯現過程，理性在自然界的表現是律則，在人類社會的表現則是精神，道德、政治和藝術等一切都是精神的客觀化。精神是自由的，精神的發展也就是自由的發展，而歷史的目的正是精神的充分實現，亦即是自由的充分實現，但這個發展不是簡單的直線前進，而是曲折地進行，經歷所謂「正、反、合」的辯證過程。在這個過程中，不同文化或民族，都扮演着特定的角色。黑格爾將人類歷史分為四個階段，第一個階段是東方世界，包括中國、印度和波斯；第二個是希臘世界；第三個是羅馬世界；第四個是日耳曼世界。

歷史發展的四個階段

東方世界	人類歷史的兒童時期，人缺乏自我的意識，道德和政治只是外在的規範，它的存在就像自然律一樣
希臘世界	人類歷史的青年時期，人尚未充分自覺精神的本質是自由
羅馬世界	人類歷史的成年時期，人開始自覺精神的本質是自由
日耳曼世界	人類歷史的成熟時期，真正把握精神的本質，表現在特殊性和個體性的出現，意識到人之為人是擁有自然權利

黑格爾認為，歷史是按上帝的計劃而進行，這是一種神義論，也是一種決定論；但這種決定論並不是說歷史上每一個事件都是上帝所安排，上帝只是定出歷史的方向，打個比方，歷史就像一列行駛中的火車，目標和路線都決定好，但在火車上你做甚麼則不是決定的。歷史目的雖然是精神的充分實現，但推動歷史的卻是我們的激情和慾望，歷史人物則擔當着重要的角色，但他們不一定自覺到其時代精神或歷史目的，而且總是以悲劇收場，例如亞歷山大、凱撒和拿破崙等人最後都是不得善終。歷史的進程雖然充滿了鬥爭和殺戮，但精神卻不會受到傷害，它只是利用人的慾望去推動歷史，黑格爾稱之為「理性的狡猾」。

馬克思受黑格爾的歷史觀影響，認同歷史目的就是自由的實現，但他反對黑格爾的唯心論，主張用「物質」來說明歷史的發展規律，他也批評以往的社會主義缺乏科學的基礎，稱之為「空想社會主義」，認定自己的社會主義才是真正的科學，因為這是通過大量的經驗研究，歸納出歷史的發展規律，那就是「歷史唯物論」。馬克思認為，歷史的發展是受物質力量所決定，即生產方式，又叫做下層建築。生產方式包含了生產力和生產關係，生產關係涉及兩個重點，一是如何擁有生產資料，包括生產工具和原料；二是如何分配生產成果。上層建築如政治和哲學是決定於下層建築，而生產關係則決定於生產力，比如說在原始共產社會，生產力很低，僅供個人消耗，沒有剩餘可以養活寄生階層，那就不可能出現奴隸社會。

馬克思 vs 黑格爾

馬克思深受黑格爾思想的影響，很多重要的觀念都是來自黑格爾，例如自由、歷史、辯證法和異化等。但馬克思又將黑格爾的唯心論反過來，變成了唯物論，用物質解釋精神，用經濟解釋歷史的發展。

	黑格爾	馬克思
歷史的發展	精神的顯現	物質（生產力）的推動
發展的規律	辯證法	
歷史的目的	自由的充分實現	

馬克思借用黑格爾「正、反、合」辯證法來解釋歷史的發展，最初生產力和生產關係是處於對立統一的關係，這是正；生產力上升到某個程度就會威脅到原有的生產關係，這是反；革命發生，否定原有的生產關係，進入跟生產力相應的下一個生產關係，這是合。如是者，歷史就是這樣前進。馬克思認為歷史發展有六個階段：1. 原始共產主義社會，2. 奴隸社會，3. 封建社會，4. 資本主義社會，5. 社會主義社會，6. 共產社會。

在資本主義社會中，資本家為了謀取利潤的最大化，就會不斷剝削工人，而資本家之間的激烈競爭會汰弱留強，最後資本集中在少數人身上，貧富兩極化，由於不斷的壓迫和剝削，工人形成了階級意識，最終會引發革命，推翻資產階級的統治，建立沒有階級，沒有剝削的社會主義社會，最終會達致共產社會的理想，人人都享有自由，那就是各盡所能，各取所需。

正如前面所說，歷史唯物論只是解釋歷史發展的一種觀點，它並非科學說明，因為缺乏科學的可否證性，是波柏所批評的偽科學。雖然歷史發展的必然性受到質疑，但我們可從「應然」

的角度去理解「歷史目的」，如果「自由」真是歷史目的的話，那麼，自由的實現就表示歷史的終結。政治學家福山（Francis Fukuyama）寫了一本名為《歷史的終結與最後一人》（*The End of History and the Last Man*）的書，大抵上福山的意思是自由民主和資本主義已是人類政治和經濟制度的最終形式，也只有在這種制度中，人才享有真正的自由。不過，黑格爾和馬克思所講的自由是積極自由，亦即是「自主性」，跟一般自由主義者追求的消極自由不同。在「藝術」那一篇，我們討論過丹托的藝術的終結論，這也是受黑格爾歷史觀所影響，藝術終結表示自由的實現，藝術家做甚麼都可以。

戰爭與革命

有人說，歷史就是戰爭的歷史，大部分國家都是消滅於戰火中；也可以說，歷史是由競爭所推動，正所謂競爭帶來進步，而戰爭就是競爭的極致，難怪會有哲學家贊成戰爭，例如黑格爾就認為戰爭可以培養人的勇氣、堅毅、團結和智慧。事實上，戰爭關乎生死存亡，可以將人的能力發揮到極致，不少先進科技都是來自軍事研究。尼采甚至認為戰爭是人的天性，是生命力的表現，戰爭雖然帶來痛苦，卻是我們學習的好機會。由此看來，戰爭對於人類的進步也有貢獻；的確，有時要透過戰爭，才能推翻舊的世界，建立新的秩序。

革命就是以暴力推翻現有的政權，建立社會的新秩序。一提到革命，不其然就會想到法國大革命，在人類歷史上，這是一個代表性的革命，因為它推翻了王權和教會的統治，摧毀了舊有的秩序，並提出新的價值觀：自由和平等，為人類帶來希望。真的，沒有美好的希望，又有誰會冒着生命危險參與革命事業？沒有理想的指引，又怎樣抵銷革命所付出的高昂代價呢？因此，革命總帶點烏托邦的色彩。事實上，二十世紀兩大政治體系：美國和前蘇聯，都是革命的成果。

正如馬克思所說，革命是無何阻擋的進步力量，人類的歷史就是由革命所推進，所以他將革命比喻為「歷史的火車頭」。可是，他主張的無產階級革命，並未為人類帶來進步，相反，卻是一連串的災難。的確，革命不一定為我們帶來幸福，很多時革命之後往往會產生獨裁統治，因為革命會越來越激進，最終導致權力落入少數人手上，1917 年的俄國革命就是一個典型例子；即使是法國大革命，也要經歷一段長時間的獨裁和恐怖統治，七十年後才得到真正的共和。也許這正印證了黑格爾的看法，歷史是曲折地進行。

有人認為，單以暴力推翻現有政權不一定是革命，革命應包括權力結構的轉變，例如由君主制到民主制，由資本主義到共產主義。從這個角度看，中國歷來的改朝換代大部分都不是革命，而是叛亂，因為我們只是更換了不稱職的皇帝而已；又例如第三世界的軍事政變，也不算是革命，不過是改變了執政者的名稱。如果革命的貢獻在於對權力結構作出改革，推動社會的發展；

那麼，為甚麼我們不可以從內部作漸進式的改革，非要革命不可呢？那就可避免革命的巨大成本，包括財物破壞和人命傷亡，就好像英國的「大憲章」和「光榮革命」，逐步限制國王的權力。不過，既得利益者很少會接受「和平」的演進，正如當年光緒皇帝接納了康有為的改革主張，但維新運動也只是維持了一百日就遭到守舊派阻撓而終止。

革命的定義和原因

定義	廣義	凡指以武力推翻已有的政權
	狹義	政體結構的徹底改變
原因		統治者無法解決人民的生計問題
		利益分配嚴重不公
		外國勢力入侵

結語

正如前面所講，我認為歷史就是文明的發展史，文明可以更新，也可以融合，當然歷史會有倒退的情況；但總的來說，它還是不斷前進的。我也相信人類的真實歷史比現在的說法要久遠得多，只是受到實證歷史觀所影響，很多以前認為是歷史的東西都變成了傳說，「實證」就是要有實物為證，所謂「眼見為實」，那些文字記載都不一定可信，例如第一節提及的亞特蘭提斯文明只是傳說，除非我們找到這個文明的遺址。

若文明的演進遇到舊有力量的阻撓，就可能會爆發戰爭和革命，兩次世界大戰正改變了舊有的世界秩序，例如帝制和殖民主義，開啟了歷史的新一頁，美國定下新世界的秩序，世界亦走向了全球化。現在距離二次世界大戰結束已超過七十年，隨着老一輩人的逝去，戰爭帶來的痛苦也漸漸被遺忘，在新冠狀病毒肆虐全球的同時，國際間的衝突也在加劇——不久的將來會否出現戰爭或革命，引領人類走向新的方向呢？

在西方傳統繪畫藝術中，歷史畫是最高級別的畫種，而以歷史畫著名的則是十八世紀法國新古典主義大師大衛，我最喜歡的畫作就是他的《蘇格拉底之死》（ *The Death of Socrates* ），大衛用垂直（蘇格拉底）和水平線（牀）來構圖，除了有對比和平衡的效果之外，也充分反映理性自身，十分配合此畫的主題：「哲學家以死來捍衛真理」，從畫中我們可以看到蘇格拉底的學生和朋友都十分悲傷，有些甚至抱頭痛哭；但蘇格拉底卻好整以暇，一面拿着盛毒酒的杯子，一面向大家講解靈魂轉世的思想。

《蘇格拉底之死》（1787 年）

作者：大衛
原作物料：油彩
尺寸：196.2 × 129.5cm
收藏：美國大都會博物館

宇宙

宇宙蘊藏無窮的奧秘。

上世紀七十年代初期，光害還沒有現在那麼嚴重，晚上仍然可以看到滿天的繁星，真的給人一種宇宙浩瀚無垠的神秘感覺。記得中學時亦有一段時間沉迷於天文學，當然，已記不起那些星座的名稱和位置，對於相對論和黑洞的理論也很模糊。雖然現在很少機會看到滿天的繁星，但是，「究竟宇宙如何出現？」、「宇宙有沒有盡頭？」、「時間有沒有開始？」、「外星人是否存在？」等問題仍然困擾着我。

古往今來謂之宇，上下四方謂之宙，宇宙即是時間和空間，也包含了一切，根據這個意思，宇宙沒有之外，所以上帝創造宇宙之說也不能成立，因為上帝必然是在宇宙之外。以上不過是「文字遊戲」，那視乎我們怎樣定義宇宙或上帝。一般事物存在於特定的時空，但上帝並非一般的存在，有人說上帝是超越於時間和空間，在宇宙未出現之「前」上帝「已經」存在。

康德說有兩樣東西令他心生敬畏，一是天上的繁星，二是人內心的道德律。的確，面對神秘廣大的宇宙，我們不禁會生起敬畏之情，這是否也會激發我們的信仰之心，相信宇宙萬物都是上帝所創造呢？據說上過太空的航天員，不少人感受到上帝的存在，返回地球後變成了教徒，有人甚至成為牧師。

萬物的構成

宇宙論是研究宇宙的學科，現代科學未出現之前，這屬於哲學的範圍。古希臘的泰利斯 (Thales) 被喻為西方第一位哲學家，因為他提出了「宇宙萬物的最基本構成是甚麼？」這個問題。這涉及世界本源的問題，在泰利斯之前的人是訴諸神話和原始宗教，現在泰利斯是以智性的態度來處理這個問題，透過理性去尋找答案。對於這個問題，泰利斯所給出的答案是「水」。如果我們以現在的知識來衡量的話，可能會覺得泰利斯的答案很可笑，但其

重要性並不在於他的答案，而是他提出的問題。西方文化之所以有今日的科學成就，其中的一個原因是源於希臘文化這種肯定理性的求真精神。泰利斯也不是胡亂猜測，而是基於一定的經驗，例如他觀察到生物需要水才能夠生活，水具有流動性和變易性（水加熱後會變成蒸氣，冷卻又會凝固成冰），正由於水具有以上的特性，泰利斯才會認為水是萬物的基本構成。可是作為萬物根源的「水」卻不能充分說明其他事物的存在和變化，例如我們如何用水來說明石頭的存在，或木材燃燒的變化呢？

哲學家阿那克西美尼（Anaximenes）主張「氣」才是萬物的基本構成，空氣雖然看不見，但可感覺它的存在，空氣比水更微小，更有資格成為萬物的基本構成，阿那克西美尼以「氣」的凝聚和擴散去說明萬物的生成和變化。但另一位哲學家阿那克西曼德（Anaximander）卻指出，不論我們說甚麼是萬物的基本構成，比如說是「X」，我們總可以繼續問「X」又是由甚麼構成——假如說是「Y」，又可再問「Y」是怎樣來的，如此無窮地追問一去，於是阿那克西曼德認為「無限」才是萬物的本源。

對於萬物基本構成這個問題，還有其他形形色色的答案，例如畢達哥拉斯（Pythagoras）認為萬物的基本構成是「數」。赫拉克利特（Heraclitus）說萬物的變化和生成是源於「火」，因為火本身就是變動不居的，而且可以分解萬物。巴門尼德（Parmenides）則認為根本沒有生成變化，因為變化表示由「非存有」成為「存有」，但非存有是不存在的，看來希臘人並不接受無中生有的觀念。恩培多克勒（Empedocles）綜合了之前的答案，主張萬物的基本構

成不是一種元素，而是「水」、「火」、「氣」、「土」四種元素，萬物的分別在於含有不同比例的元素，是「愛」和「恨」的力量令得元素結合和分離。還有德謨克利特 (Democritus) 的原子論主張，萬物是由微少到不可分割的原子所構成，原子具有不同的大小和形狀，它們在空間之中互相碰撞就造成了事物的生成和變化。

德謨克利特的原子論比較符合我們現代的科學知識，但為甚麼後來沒有順着這個方向發展科學知識呢？其中一個原因是柏拉圖和亞里士多德的思想主導了以後的文化發展。雖然亞里士多德受柏拉圖的「理型」影響，但他主張理型是存在於經驗事物之中，要認識理型，也就必須研究經驗事物，依靠我們的感官知覺。亞里士多德認為所有事物是由質料和形式兩部分所構成，例如一隻銀耳環，銀是它的質料，圓形是它的形式。但種子會變成植物，兒童會成長為大人，又是甚麼原因導致事物的變化呢？亞里士多德提出了著名的四因說來解釋。

四 因 說

以下是以米高安哲奴的大衛像為例來解釋四因的意思。就自然物的變化來說，動力因和目的因都被形式因取代。

質料因	大理石
形式因	米高安哲奴心中的觀念
動力因	米高安哲奴本人
目的因	米高安哲奴創作的目的，例如表達勇氣

宇宙的結構

在地球上我們觀測到天空有太陽和月亮，還有其他行星和恆星，它們都有特定的軌跡，那需要一個宇宙模型來解釋它們的運行。除了萬物的構成和生成變化這兩個問題之外，宇宙論的另一個主要問題就是宇宙的結構。泰利斯和阿那克西曼德主張大地是平的，飄浮在氣之中，天則是一個半球，覆蓋在大地之上，星星是固定在天穹上；不過，這個宇宙模型不能說明星體的運行。巴門尼德是第一個提出大地是球形的哲學家，這不是基於觀察，而是來自抽象的思辯，因為存有是完美的，就像一個球體，而空間是非存有，亦即是不存在，所以宇宙是沒有空間的，天也是一個球體，這就是所謂兩球宇宙論，對後來的宇宙模型產生很大的影響。恩培多克勒認為天是一個透明的球體，由氣壓縮而成，天球會旋轉，這樣就可解釋恆星的為何移動，而地球是宇宙的中心，太陽和月亮則環繞地球而旋轉。跟巴門尼德一樣，畢達哥拉斯也認為大地是球形，而畢達哥拉斯學派的費拉勞斯 (Philolaus) 主張地球、月亮、太陽和五大行星都是環繞宇宙的中心之火轉動，而天球上則滿佈恆星，這個宇宙模型被柏拉圖和亞里士多德所繼承；不過，他們認為宇宙中心就是地球的中心，這也是兩球宇宙的模型，兩球即是地球和天球。

亞里士多德將宇宙分為兩個區域，一個是月亮以下，叫做地球區域；另一個是月亮以上，包括太陽和其他天體，稱為天界區域。亞里士多德認為，地球區域的事物是由土、水、氣、火四元素所組成，大地是土，是被水包圍的球形，上面是氣，氣之外的是

火，火是用來解釋慧星和流星的現象。天體是由第五元素以太所構成，所以天體的運行永遠是完美的圓形。要注意的是，在亞里士多德的宇宙觀中，萬物都有其目的和意義，例如火永遠是向上升，石（土）是永遠向下墜。

亞里士多德的宇宙結構

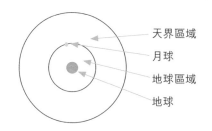

天界區域
月球
地球區域
地球

亞里士多德認為事物的理想狀態是靜止的，事物之所以有運動是由於另一個事物的運動所致，如此追溯下去便會產生無窮倒退的情況，但無窮倒退在理性上是不能接受的，所以必須有第一因。第一因推動萬物的運行，但它本身卻是不動。因為如果它是動的，就必須依靠另一個原因而動。可是，它若是不動的，那如何推動其他事物的運動呢？亞里士多德認為它是以目的因來推動萬物的運行，一切存在物都趨向這個目的，形成了宇宙的和諧秩序。亞里士多德的宇宙結構被羅馬時代的托勒密（Claudius Ptolemy）所繼承，基督教沿用這個以地球為中心的宇宙模型，並加入了天堂和地獄，地獄位於地球的中心，那中心的火正是地獄之火，至於天堂，詩人但丁（Dante Alighieri）將它分為不同的層級，根據死者生前的德行，被分到不同的天界，德行越高者就前往越高的天界。

這個源自古希臘，由基督教繼承的宇宙結構是以地球為中心，而且是封閉的；但隨着現代科學的興起，這兩點都被推翻。首先提出質疑的是哥伯尼（Nicolaus Copernicus），他主張太陽才是宇宙的中心，地球和其他行星都是環繞太陽而旋轉，史稱「哥伯尼革命」。而受哥伯尼影響的布魯諾（Filippo Bruno）更主張宇宙是開放的，並非一個封閉的天球，布魯諾認為在這開放的宇宙中，存在無數的星體，而這些星體也可能有生命存在，就是這些大膽的主張激怒了教會，布魯諾被判以火燒的極刑，可以說是為追求真理而犧牲的科學家。後來牛頓更建構出一個機械論的宇宙觀，取代了傳統以來亞里士多德那個目的論的宇宙觀。今天我們對於宇宙的知識已大大增加，太陽系只不過是銀河系無數星系的其中一個，而宇宙則存在着無數個銀河系，距離我們最近的銀河系有二百萬光年，整個宇宙的直徑則有三百億光年。根據弦理論，我們所見到的宇宙是三次元的空間，還存在着其他多次元的空間，相信這是未來物理學的研究課題。

為甚麼是有？

一個比萬物構成和宇宙結構更基本，也更哲學性的問題就是：「為甚麼是有，而不是沒有？」這個問題似乎假設了「沒有」是常態，「有」才需要解釋。不過，如果真的沒有任何東西存在的話，也就不會有人提出這個問題。

如果宇宙甚麼都沒有的話，那是否還存在空間呢？之前我們提過巴門尼德的理論，他説空間是不存在的，因為空間是非存有，這其實是文字把戲，不過是混淆了「存在」的兩個不同意思，比如我説：「這房間完全是空的，你可以放東西。」意思是沒有東西存在於這房間，但這房間的空間是存在的，不然又怎可以在裏面放東西呢？我們固然可以想像一間沒有東西存在的房間，但房間本身也是一個存在，但現在就連房間都沒有，整個宇宙都是空盪盪的，甚麼都沒有，可以想像嗎？似乎可以，但也似乎也不可以，因為想像本身不是預設了心靈的存在嗎？根據牛頓物理論，時空是絕對的，所以即使甚麼都沒有，空間還是存在的；但跟牛頓同時代的萊布尼茲（Gottfried Wilhelm Leibniz）已經提出了時空相對的觀點，空間是相對於事物才存在的，如果沒有任何事物，也就不會存在空間。

「為甚麼是有？」這個問題的意思其實不清楚，因為「為甚麼」有兩個意思，一個是問原因，另一個是問理由，例如説上帝創造宇宙萬物，這是原因；説上帝這樣做是為了某個偉大的目的，這就是理由。關於宇宙和生命的起源，古老的宗教多以神話的方式來

解釋，如果我們考察各民族的神話傳說，幾乎每一個都有交代世界的來源和人類的誕生，例如中國古代有所謂盤古初開的傳說，又有女媧造人的神話。目前科學界的共識是，宇宙起源於大爆炸，至於地球上生命的起源，科學家則有不同的意見，有些認為閃電令物質起了化學反應，產生了胺基酸，生命就是由此而來；有些則認為生命是來自外太空的殞石，但問題是，這些生命最初又從可而來呢？看來大部分科學家都相信生命的出現純屬偶然。

宇 宙 大 爆 炸 的 證 據

有人認為大爆炸理論跟創世的神話沒有甚麼分別，只不過是宇宙起源的不同解釋；但其實兩者相距甚大，因為我們有很強的證據支持 150 億前的確發生了宇宙大爆炸。

大爆炸的證據	現在的宇宙還在不斷的膨脹之中
	宇宙背景的輻射
	紅光移動現象

亦有人認為生命的出現並非偶然，因為這個宇宙的物理常數若稍有輕微偏差，就不會有生命存在，物理常數似乎是調節到適合生命的存在，這叫做微調理論，而這個調節者就是上帝，也不妨將微調理論看成是設計論的現代版本，這個宇宙是上帝設計出來，剛好適合人類的生存。引力常數只是改變了丁點兒，便不會產生穩定的星體，若星體不存在，生命也不能存在；若使質子和核子結合起來的強核力減弱一點的話，那麼這個宇宙只會產生氫，強一點氫就會變成氦，現在剛好令碳元素得以形成，而地球上的生命就是建基於碳。這些物理常數大概有十五個，包括光速、重力、強核存、弱核力、電磁力等等，它們剛好如此的機會率是非常低。

反對微調理論的人認為，可能存在無窮多的宇宙，這些宇宙各有不同的物理常數和物理定律，不過剛好我們這個宇宙適合生命存在，這並沒有十分出奇，正如六合彩很難中也有人中獎，就是因為有非常多的人買六合彩。除了多重宇宙並存這個可能性之外，也有可能宇宙經歷不斷的毀滅和重生，而每一次重生都會出現不同的物理常數和規律，剛好這一次就產生出適合生命存在的物理條件。

不過，多重宇宙或宇宙循環爆炸只是猜測，尚欠缺充分的證據，目前的科學證據顯示，只有這個宇宙，並且是源於大爆炸，其實在二十世紀初期，科學家還是相信宇宙是無始無終的。那麼，大爆炸又從何而來呢？有人認為，由於所有現象都有原因，既然大爆炸也是自然現象，背後當然也有原因，而這個原因必定是超自然力量，否則它也需要原因，這就會產生無窮倒退的問題，有人稱這個超自然力量為上帝，上帝本身不需要原因，因為祂是自有永有，產生宇宙大爆炸的原因就是上帝，亦即是第一因。如果大爆炸就是創世的一刻；那麼，所有物質、宇宙常數和物理定律都是大爆炸之後才出現的。科學家發現，大爆炸之後宇宙快速膨脹，但若膨脹的速率大過百萬分之一的話，就無法形成星體，這似乎又再一次印證了微調理論。不過，也有反對者認為大爆炸本身就是第一因，不需要用上帝來解釋為甚麼會有大爆炸。

如果這個適合生命存在的宇宙是偶然產生，由無生命到有生命也是偶然出現，而一連串的進化到人類亦是偶然的話；那麼，其機會率真是很低，近乎於零。當然，我們可以說這沒有甚麼稀奇，

宇宙不就是已經存在嗎？究竟人類是上帝創造，還是偶然的產物呢？宗教和科學的常見衝突就在於人類的起源，有些宗教認為人是被神創造出來，例如基督教，但目前科學界的主流思想是進化論，即人是由單細胞經過億萬年的進化，慢慢演變出來的；前者是基於特定的目的，後者則純粹是偶然的產物。然而，創造論與進化論也不一定是排斥的，上帝創造了這個宇宙之後，就讓它慢慢進化，包括生物的進化和人類的出現，這些看似偶然的事件，其實都是上帝的意志在主導，只要我們不再堅持地球只有六千年的歷史，及上帝用了六日來創造萬物。

外星人的存在

在宇宙的無數星球之中，很可能有些跟地球一樣，也存在着生命，而相對於宇宙的悠久歷史，地球只是年輕的星球，那些存在生命的星球亦有可能發展出比地球更高的科技文明。以為宇宙只存在地球上人類這種高等生物，背後隱藏着一種傲慢的心態。外星人究竟是怎樣？是《第三類接觸》(*Close Encounters of the Third Kind*) 和《接觸未來》(*Contact*) 的友善外星人，還是像《異形》(*Alien*) 那種會捕殺人類的爬蟲型外星人，或是像《強戰世界》(*War of the Worlds*) 那種會侵略地球的外星人呢？

自從 1947 年發生了羅茲威爾事件 (Roswell UFO incident) 之後，

有關幽浮（即 UFO，全稱為 Unidentified Flying Object）和外星人的目擊報告也越來越多，亦有不少人從事研究；但這方面的資訊十分龐大，既混亂又矛盾，查證亦不容易。當然，不排除有弄虛作假的，但亦有可信的部分，以下我憑着畢生所學（包括思考方法和相關的知識），過濾及整理出部分我相信是真的資訊。

宇宙空間的量度單位是光年，即使這些外星文明能發展出光速的太空船，但也要幾千，甚至幾萬光年才來到地球，我相信他們是使用捷徑來到地球的，例如進入多次元的空間，像《星際啟示錄》（Interstellar）這部電影提及的五次元空間，或者使用所謂「曲速」飛行。多次元宇宙不同於多重宇宙，根據弦理論，宇宙有不同的維度，例如二次元空間是一個平面，假設在二次元空間有生物存在，他們只有「長」和「闊」的概念，但無法理解「高」的概念，當他們在平面空間移動時，遇到障礙物時只能繞過它，而不能跨過它。同理，我們存在於三次元的空間，但在高次元空間的生物看來，要跨過幾十萬光年的距離是很容易的，我以為宇宙航行的秘密就在於進入四次元或更高次元的空間。

有人指出，在太陽系的其他星球其實也有外星人的基地，據說月球背面就有大量這樣的建築，由於月球永遠只有一面向着地球，所以在地球上是觀察不到月球的背面。撒加利亞‧西琴（Zecharia Sitchin）是研究蘇美文明的學者，他從蘇美文明的文獻中發現了尼比魯行星和尼比魯行星人的記載，西琴說尼比魯行星是太陽系的第十顆行星，大小跟木星相若，繞太陽一周需時 3,600 年，由於它是太陽系最外圍的行星，所以最適合作為外星人來地球的中

途站，也可以説是外星人的前線基地。據説尼比魯行星存在不同種類的外星人，其中一種是來自金星，是金星文明毀滅後的逃難者，這種金星人跟地球的北歐人十分相像。除了金星之外，相傳火星也曾經有文明存在，但由於核戰而毀滅。有一位宣稱跟外星人有接觸的美國人叫做佐治‧亞當斯（George Adamski），他發表了不少幽浮的照片及有關的著作，他公開的幽浮照片是圓帽型的飛碟，有別於比魯行星人的雪茄型幽浮。

為甚麼外星人會來到地球呢？首先，有很多不同種類的外星人來到地球，有的很早就來過地球，古籍也有相關的記載，例如日本的《古事記》就有一種叫作「天鳥船」的描述，這其實是幽浮；蘇美文明也有一些大眼、尖耳和長着尾巴的神祇圖像，的確，對這些相對落後的文明來説，那些從天而降的外星人就像是神一樣。據説現在地球有多達 20 種不同的外星人，我認為外星人前來有着不同的原因，有些是移民，因為原住的星球人口過剩；有些是逃難，由於原住的星球發生毀滅性戰爭；有些是來做研究，甚至是用人類來研究，不是有很多被外星人綁架的報告嗎？有些是來觀光或者學習；當然不可以排除的是，也有想侵略地球的外星人。

問題是，如果真的有那麼多外星人在地球，那些先進國家的政府不可能不知道。如果月球真的有外星人的基地，那麼，那些上過月球的國家如美國和蘇聯也一定知道。我認為在羅茲威爾事件發生之後，美國就跟外星人有接觸，據説美國的 51 區（內華達洲馬夫湖的空軍基地）收留了很多外星人，外星人給予美國科技的支援，而美國則給以保護及協助他們研究。物理學權威霍金

(Stephen Hawking) 說，如果有外星人存在，我們最好不要去惹他，因為外星人的科技比我們先進，我們一定會被消滅。但如果外星人已經來到地球，我們是避無可避的，但為甚麼外星人還未出手呢？也許存在着《星空奇遇記》(Star Trek) 等電影講的宇宙聯盟守則，外星人是不可以過度介入當地星球的文明發展，除非當地發生類似核戰的毀滅性戰爭；所以，一般來說，侵略是不容許的，況且還有保護地球的外星人，外星人之間也會互相制衡。

我們不妨再大膽假設一下，世界上的民族可能有着外星人的源頭，有些是基因改造的產物，有些則是地球人和外星人的混種，例如西非的多貢族跟天狼星有密切的關係，蘇美族將爬蟲類型的外星人當作是神來崇拜；而現在先進國家的科技競爭背後也有着不同外星人的支援，看來某程度上，地球文明的演化是受外星人所影響。

傳說中的外星人

金星人	具有優美的樣貌和高智慧，跟北歐人相像，金星文明毀滅後移居宇宙各處，例如織女星
火星人	善於競爭和具戰鬥性，火星文明毀滅於核戰之中
尼比魯星人	乘坐雪茄型太空船
小灰人	高約四呎，有核桃型全黑大眼睛，是生化機械人，有不同的類型，是外星人創造出來為其工作，也即是外星人的代理人
爬蟲類型外星人	有很多種類，其中一種來自麥哲倫星系的齊塔星，好鬥爭

結語

我認為人類文明的發展已經到了關鍵的時候,那就是進入宇宙時代,星際旅行就像現在去外國旅行那樣普遍,科學、哲學和宗教的關係也會重新釐定,而宇宙彷彿是三者相交的地方。形上學就像是科學發展的上限,比如說時空觀念的討論是十分形而上的,但一旦相對時空觀取代了絕對時空觀之後,科學就有着飛躍的發展。形上學的研究是依靠思考和論辯,科學的研究則訴諸觀察和實驗,沒有形上學的探討,科學難有突破性的進展;沒有科學的研究,科技也難有進一步的發展。

這個宇宙就好比一個魚塘,科學就像魚網,我認為宇宙所蘊藏的奧秘,在過去就像漏網之魚,但只要我們不斷改善這科學之網,有朝一日,必能探知這些真相。美國剛剛成立了太空軍,日本也打算建立太空部隊,相信太空爭霸的年代快要降臨,人類將會進入宇宙時代,進行宇宙的探索,如果真的有外星人存在,也該是現身的時候。

劉國松可以說是中國現代水墨的奠基者，他主張
繪畫的發展是由寫實、具象到抽象，他的繪畫特
色是將中國傳統山水畫的意境結合西方的抽象表
現主義，創造出一種全新的風格，也是中西合璧
成功的表表者。上世紀的七十年代，由美國太空
船升空月球得到靈感，劉國松畫了一系列有關太
空的繪畫，使他的畫看起來更具時代感，也給人
一種宇宙無限的意象。

《日之蛻變》（1971 年）

作者：劉國松
原作物料：水墨塑膠彩
尺寸：181.8 × 91.2 cm
收藏：作者私藏

未來

未來充滿各種可能性。

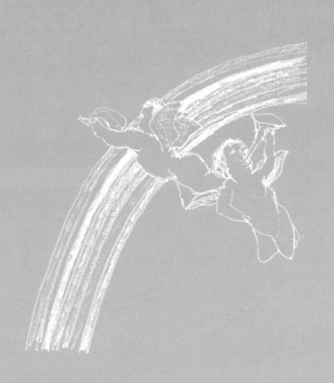

記得小時候有一套很受歡迎的美國電視劇集叫做
《時光隧道》（*The Time Tunnel*），走過了那一道旋轉
型的隧道，人就可以往返過去和未來，雖然已經
忘記了劇集的具體內容，但那種穿梭時空的概念
已經深深植入心裏，後來學了邏輯，發覺坐時光
機回到過去其實隱藏着邏輯矛盾；換言之，這是
邏輯地不可能，亦即是絕對地不可能。如果回到
過去是邏輯地不可能，那些自稱從未來世界來到
現在的人多半是騙子，而熱衷於研究時光機的科
學家也是徒勞無功的。

第一個提出時光機概念的不是科學家，而是科幻小說家威爾斯，他的名作正是《時光機》（*The Time Machine*），此外，他的《隱形人》（*The Invisible Man*）和《強戰世界》（*The War of the Worlds*）也很受歡迎，並多次拍成電影。威爾斯也寫了一部關於未來的書，叫做《未來世界》（*The Shape of Things to Come*），書中有不少預言都成為了事實。當然，未來是很難準確預測的，即使是著名的諾查丹馬斯預言和馬雅預言也有不少落空，諾查丹馬斯的預言結束於 1999 年，馬雅預言也結束於 2012 年，而《未來世界》的預言直到 2106 年，距今尚有八十多年，仍有其參考的價值。

本書的十二篇文章分為三組，每組有四篇文章，而每組的第四篇可以說是這一組的歸結，現在這一篇是第三組的最後一篇，亦即是這一組的歸結，而作為全書的最後一篇，也可以看成是全書的總結。既然是最後一篇，而且題目又是未來，那麼我也不妨大膽一些，對未來作出預測。

戰爭與和平

人類目前面對着三個主要問題，1. 核戰危機，2. 環境污染，3. 貧富懸殊，其中以第一個問題最具威脅性。《未來世界》寫於 1933 年，在書中威爾斯預言 1945 年日本將會受到原子彈的攻擊，也預言將來會發生核子戰爭，以目前的形勢來看，若地球爆

發第三次世界大戰，那必然是核子戰爭。雖然說戰爭對提升人的智慧和勇氣有幫助，但核戰卻是毀滅性的，有可能完全毀滅人類的文明。事實上，當越來越多國家擁有核武時，爆發核戰的機會也會越來越大，特別是當核武落入恐怖分子的手上，因為恐怖分子為了復仇，可能會不惜一切同歸於盡。

有人主張消滅戰爭的方法就是廢除國家，成立世界性的政府；不過，三百年前的康德已向我們說明一個世界性的政府必定是壓制性的。康德提出了另一個解決戰爭的方案，那就是永久和平。所謂「永久和平」就是結束所有國家之間的敵對狀態，消除一切導致戰爭的因素。在《論永久和平》（Zum ewigen Frieden）一書中，康德提出了世界公民的概念及國際聯邦的構想，為永久和平提供了理論的根據。永久和平有三個條款，也可以是三個先決條件，第一，每個國家的憲法都是共和制；第二，國際法建立在自由國家聯邦主義的基礎上；第三，世界公民權限於普遍友善的條件。

第一條規定參與國際聯邦的國家必須是共和制，這裏所講的共和制是指代議民主制憲法，亦即是三權分立，使權力得以制衡的制度。雖然不是完全等同於今天自由民主的制度，但也非常接近，在康德那個年代，十八世紀最自由民主國家的投票權尚未普及。簡言之，共和制要向人民負責，跟共和制相反的就是專制獨裁，獨裁政權的合法性不是建基於人民的同意，所以不用向人民負責。

第二條規定各國根據聯邦主義組成國際聯盟，以國際法來解決國家之間的紛爭，但這個和平聯盟不同於目前的聯合國，因為這個

聯盟能夠永遠終止戰爭，康德所構想的國際聯邦反而更像現在的歐盟，國家都願意交出部分的主權。

第三條規定人有到其他國家互訪的世界公民權利，康德稱之為「拜訪權」，它承認我們到外地時有不受當地人敵意對待的權利，這反映出人類對地球的共有權，基於這種權利，地球各地得以建立和平的關係，但拜訪權並不等於居留權。

永久和平的三個條款

第一條	每個國家的憲法都是共和制	涉及國家層次
第二條	國際法建立在自由國家聯邦主義的基礎上	涉及國際層次
第三條	世界公民權限於普遍友善的條件	涉及公民層次

有甚麼理由支持永久和平的實現呢？主要有兩個，一個是道德上的應然性，第二個是歷史發展的必然性。首先，這是人類的道德責任，在戰爭的狀態中，我們的權利得不到保障，人生計劃也無法實現，所以每個人都有道德責任追求和平。第二，由於「應該」涵蘊「能夠」，所以人類最終能夠實現永久和平，人類作為一個整體，必須向着永久和平這個目標前進，這也可以說是歷史的目的（目的可以多過一個）。除此之外，康德認為人有一種非社會的社會性，那就是嫉妒和競爭，這是推動社會發展和進步的非理性力量，雖然有時會產生衝突，甚至戰爭，但歷史的發展有着這一面的推動力，我懷疑黑格爾所講的「理性的狡猾」是受康德「非社會的社會性」所影響。另外，還有經濟力量，康德認為，商業精神是推動社會邁向永久和平的力量，若經濟原則具支配性，我們就不願意訴諸戰爭，因為會損害經濟利益。康德指出，隨着交通

和通訊的改進，文化和語言的阻隔最終會被克服，形成一個全球性的公共空間，在今天全球化的時代來看，康德的確有其遠見。

實現永久和平的理由和原因

理由	道德的追求	▷	永
	歷史的目的		久
原因	非社會的社會性力量	▷	和
	經濟力量		平

不過，任何國家不可以武力改變其他國家的政權或政體，根據康德的標準，現在美國對伊拉克和阿富汗進行政體改造的做法是錯誤的；但問題是，組成和平聯盟的國家必須是共和制，如果不可以使用武力的話，有甚麼辦法令這些國家的政體改變呢？

雖然說全球化可令各國在貿易上互相依賴，減低了爆發戰爭的可能性；但另一方面，全球化縮短了時空的距離，增加了不同文明接觸的機會，自然也產生了不少衝突。美國政治學者亨廷頓（Samuel Huntington）認為，自從美國和蘇聯的冷戰結束後，各民族的衝突主要在於不同的文明，而其中宗教扮演着一個重要的角色，他的代表作《文明的衝突與世界秩序的重建》（*The Clash of Civilizations and the Remaking of World Order*）於 1996 年出版，書中預言西方文明跟伊斯蘭文明和中國文明的衝突將會越來越多，幾年之後就發生了 911 襲擊事件，如果我們從歷史的角度看，自由主義和馬克思主義的衝突只是很短暫，反而基督教文明和伊斯蘭文明的衝突就持續了千多年，很多在西方國家進行恐怖襲擊的伊斯蘭教徒，其實都是當地土生土長的移民後代。最近美

國和伊朗的衝突也在升溫;另外,美國正跟中國打貿易戰,弄不好的話,就會演變成冷戰,甚至真正的戰爭。近年的國際關係,某程度上也印證了亨廷頓的說法。

人工智能與後人類

在「科學」那一篇我們提到人工智能和生物科技將會大大改變人類的社會,有人擔心人工智能會取代人類,甚至消滅人類,就像《未來戰士》(*The Terminator*)和《廿二世紀殺人網絡》(*The Matrix*)這些電影所講,當電腦有了自我意識之後,就會與人類為敵。

讓我們先檢視一下人工智能的發展,早於 1948 年,圖靈(Alan Turing)就開始討論「機械可否思考?」這個問題,他提出了圖靈測試法,就是讓一個人和一部隱藏的電腦對話,如果這個人分辨不出跟他對話的是電腦的話,這部電腦就被視為有人的智慧。由 1990 年開始,每年都有圖靈測試比賽,當有三成以上的評審認為跟他對話的是人,這部電腦就通過了圖靈測試;不過,哲學家希爾勒(John Searle)認為,即使電腦通過了圖靈測試,也不表示它理解對話的內容,只不過是我們向電腦輸入了大量的資料,令它可以找到跟問題對應的答案。最近人工智能 AlphaGo 擊敗了世界頂級的圍棋高手,讓很多人震驚不已,因為它具備了自我學習

的能力；但它仍然未算有自我意識，因為還需要人下達指令。當人工智能發展到會對人類的指令作出質疑，會選擇服從或不服從時，那就表示它有自我意識，亦即是自由意志。

機械人三大法則

科幻小說家艾西莫夫 (Isaac Asimov) 於 1942 年發表了機械人三大法則。我認為當人工智能產生自我意識，就會思考是否要服從這些法則。

第一法則	機械人不能傷害人類，或是讓人類受到傷害
第二法則	除非違反第一法則，機械人必須服從人的命令
第三法則	在不違反第一和第二法則的情形下，機械人必須保護自己

目前人工智能的研究可以分為兩種，一種稱為「弱人工智能」，發展某方面的辨識能力，例如用來監控的人面辨識系統，及谷歌地圖最佳路線的搜尋；另一種則為「強人工智能」，那是全面模仿人腦，同時掌管視覺、聽覺和語言的功能，並可能跟人一樣能夠自發地思考。庫茲維爾於 2005 年預測，2045 年我們就可利用納米技術，創造出模仿人類大腦的人工智能，他稱這個時刻為「科技奇點」，從此人工智能對我們的影響就不可能逆轉。

很多科幻電影都有類似的主題，一旦人工智能擁有自我意識就會消滅人類，但如果電腦能自發地思考，有自由意志的話，也許像人一樣，有所謂「好人」和「壞人」，好的人工智能會幫助和指導人類，壞的人工智能則會勞役人類，甚至消滅人類。為了抗衡人工智能，唯一方法就是利用科技提升人的能力，這就是人跟機械和電腦合體，可稱為生化人。當然，人和機械或電腦的合體可以有不同的形式和程度，其實現在已有新科技幫助殘障人士克服身

體的缺憾，還舉辦運動會，第一屆賽貝斯隆運動會於 2016 年舉行。我們也可以想像未來會出現代理機械人，就像電影《偽能叛變》(*Surrogates*) 裏面人類透過電腦，用意識控制機械人，讓機械人代他辦事；又或者像《攻殼機動隊》(*Ghost in the Shell*) 裏的主角草薙素子，只有腦部和腦幹是人類的身體，其他部分都是金屬製造。一旦人的意識能夠上載於網絡，人是否可以不需要身體而存在於網絡之中呢？如果人的意識可以存在於網絡，跟各種意識連接的話，還存在人的個體性嗎？有趣的是，模仿人腦的人工智能可能會發展出人的個性，而將人的意識上載於電腦可能會令人失去個體性。

對目前來講，擔心人類會被人工智能消滅或許是過慮；可是，某些職業將會被人工智能所取代卻不是危言聳聽，例如自動駕駛的人工智能已經出現，當 5G 普及之後，司機這個職業將會消失。別以為只有勞動性的工作會被取代，即使是專業工作如醫生和律師也是如此，人工智能可以做診斷及事務律師的工作，但其實這也有好處，因為可以大大降低醫療和法律的成本，令大部分人受惠，也會使社會更加公平。在人類的文明發展上，人工智能的重要性可跟文字相比，在中國的神話裏，倉頡創造文字的一刻是鬼哭神號，意思是文字將會令人類的社會產生巨變。柏拉圖在對話錄《斐德若篇》(*Phaedrus*) 也討論過文字出現對人類的影響，話說埃及技術之神托特 (Thoth) 發明了文字，認為文字可以提升人的智慧和記憶，但眾神之首的薩摩斯 (Samos) 卻唱反調，說依賴文字會令記憶力衰退，而且文字有凌駕作者的危機；同樣地，現在人工智能出現，我們將記憶交給人工智能，也存在人工智能取代人類的危機。

至於生物科技，對我們最大影響的就是基因改造，在「科學」這一篇我們已經討論過有關的問題，福山在《後人類未來：基因工程的人性浩劫》（*Our Posthuman Future: Consequences of The Biotechnology Revolution*）一書中強烈反對基因改造人類，因為這會損害人類的尊嚴。在這裏，所謂「後人類」可以這樣了解，當我們不斷改造人類的基因，幾代之後就會出現跟現在完全不同的人類；不過，我們也可以擴闊這個概念，包括人跟機械或電腦合體的生化人。尼采說人類要不斷克服自己的弱點成為「超人」，那麼，後人類可以解釋為尼采的「超人」嗎？

宗教回歸

十九世紀著名社會學家韋伯認為，現代化是一個理性化的過程，也是一個解咒的過程。所謂「解咒」可以了解為擺脫基督教的支配，這是源於啟蒙運動，根據哈伯瑪斯的說法，啟蒙就是用理性批判宗教，使政治、科學和藝術從宗教的支配下解放出來，各自發展，豐富我們的文化生活，於是在政治上我們有政教分離，科學上有科學革命，藝術上則有強調自主性的現代藝術。理性化又可以了解為世俗化，因為宗教失去支配性，信仰式微，亦即是神聖事物的退隱。我們可以將理性區分為價值理性和工具理性，工具理性告訴我們甚麼是達到目的的最有效手段，而價值理性則判定何謂合理的目的。在傳統社會，大家相信每一樣事物都有它的

目的，在西方世界，這種目的論的宇宙觀是奠基於亞里士多德物理學和基督教信仰；但現代科學揚棄了亞里士多德的目的因，代之以機械論的宇宙觀，不需要假設宇宙存在的目的和意義，純粹用因果就可解釋萬物的運行，人生目的或人生價值就不再是客觀存在，純粹是個人的選擇，價值變成了主觀和相對。正如韋伯所說：「根據我們的終極立場，一個是邪魔，另一個是神，一個人必須為他自己作決定，究竟對他來說，哪一個是神，哪一個是魔。」換言之，人生的終極目的是非理性，我們無法提出理性的評估；但當我們選擇了目的之後，工具理性就可告訴我們甚麼是達成這個目的的有效方法。

根據韋伯的世俗化理論，世俗化的後果是人的生命向外追求，忽視人的內在價值，而價值往往奠基於財富和地位，所以宗教在現代社會必定會式微，這是否事實呢？自從現代科學興起，我們建立了一個知性十分發達的現代社會，悟性和神秘的事物都被邊緣化，現代科學背後也有着很強的唯物主義的色彩，追求物質，追求科技也差不多到了一個極端，所謂物極必反，反過來就是追求心靈，那正是宗教復興的時代。

世俗化

世俗化	解咒	神聖事物的退隱，人生意義變成主觀和相對
	理性化	工具理性當道，主要表現為可計算性

事實上，進入二十一世紀，宗教大有回歸之勢，在南美和非洲，宗教信徒持續增加，雖然在歐美基督徒的整體人數正在下降，但

基要福音派的信徒卻在增長中，特別是 2001 年發生了 911 恐怖襲擊，令人感受到伊斯蘭教的力量，也代表了基督教文明和伊斯蘭文明的衝突。社會學家柏格（Peter Berger）稱之為「後世俗化社會」，即是去世俗化；自蘇聯解體之後，俄羅斯的東正教也正在復興中。

學者也紛紛尋求與宗教對話，最明顯的例子就是哈伯瑪斯，原本哈伯瑪斯認為，「現代化」是一個未完成的過程，故主張溝通的合理性，使由宗教解放出來的政治、科學和藝術得以溝通；但由於科學上的自然主義會扭曲人的精神和人格，故哈伯瑪斯開始重視宗教的意義，2004 年他與前教宗本篤十六世（Pope Benedict XVI）進行對話，主張理性和宗教要走向和解。

另一個主張「宗教轉向」的是加拿大哲學家泰勒（Charles Taylor），早年泰勒以社羣主義的角度批評自由主義，進入二十一世紀則思考宗教在世俗社會的地位，泰勒指出，世俗化有三種含意，第一，政教分離，宗教信仰「私人化」；第二，信仰式微；第三，信仰只是一種選項。雖然基督教的人數正持續下降，但仍然是最大的宗教，大概有 22 億，伊斯蘭教徒則在上升之中，目前是 16 億，有 13 億人口的印度則是多神論的國家，此外還有很多新型的宗教，例如印度有所謂新佛教，創教者是阿姆倍伽爾（B.R. Ambedkar），以解放下層階級，廢除種姓制度為目標；也有主張靈性和治療的各種實踐，更有混合佛教和基督教的新宗教，呈現出形形色色的多樣性，例如日本谷口雅春的「生長之家」，谷口雅春主張基督教、佛教和神道教是同源的，並且引入了西方心

理學的方法，代表其思想的著作有《生命的實相》四十卷，他晚年則主張神道教的復興，也可以說是利用外來宗教思想革新神道教。

科學探究未知的領域，宗教則宣示神秘的領域；我認為，兩者的恰當關係應是，宗教給科學引領方向，而科學則揭示宗教的神秘，信仰與科學並行。正如愛因斯坦說：「沒有宗教的科學是跛腳，沒有科學的宗教是瞎眼。」兩者是相輔相成的關係。我相信人類的將來，也取決於宗教和科學的融合。正如上一篇「宇宙」所講，人類即將進入宇宙時代，星際旅行，跟外星人交流，甚至到外星殖民也不再是電影情節，而是未來真的會發生的事。宗教跟科學一樣可以更新，我期待着新宗教的來臨，一個能夠講述宇宙時代教義的宗教。面對宗教多元的現象，有人認為很混亂，有人擔心會回到中世紀的黑暗時代（在自由法治的民主時代，這種擔心是多餘的），也有人認為這是自由社會的必然現象，我想關鍵在於如何選擇適合自己的宗教。正如《金剛經》所說：「一切聖賢，皆以無為法而有差別。」各大宗教的真理都是對的，只是證道深淺和表達方式的不同而已。我很喜歡十三世紀伊斯蘭教蘇菲派詩人魯米（Rumi）的宗教比喻，他說：「燈有不同，但光是相同的，它來自超越。」不同的燈就好比不同的宗教，而光就是終極的實在。

審美的力量

除了宗教之外，審美也是一種力量，而且兩者的關係密切。在第一篇「藝術」我們討論過柏拉圖對美的看法，美和愛相連，誰不喜愛美麗的東西呢？更重要的是，美是一種提升精神的力量，有着超越性，在宗教的角度看，也不妨說美即是悟，美就是救贖。

作為一種精神力量，審美其實是文明的核心，但這一點常常被人忽略，政治家強調的是軍事和經濟的實力，學者則重視哲學和思想，對於美和藝術，大家都放在次要的位置，那只是一些點綴，用來裝飾門面，根本是可有可無。但事實上，希臘文化的影響是離不開它的雕塑和神廟，基督教文化之能夠廣泛流傳也是因為它的教堂、繪畫和音樂。人是追求意義的生物，而藝術以象徵形式，可以說是最豐富的意義載體。文化精神固然可以表現於哲學思想，但隱藏於藝術的那部分就不容易發現，因為它不是透過理性來把握，而是需要感受和體會。

宇宙時代需要新的文明，而新文明往往是由舊文明融合發展出來，例如現代歐美文明就是建基於希臘哲學和基督教信仰，我以為新文明最有可能就是來自東方文明和西方文明的融合。近幾十年有人主張儒家思想復興，試圖接上西方的科學和民主，但當代新儒家只存在於學院之中，根本發揮不到甚麼作用，除非新儒家能夠辦學、辦報，甚至從政，這樣才可以對社會產生實質的影響。就目前的形勢來講，東西方文明結合得最成功的有兩個地方，一個是香港，另一個是日本。不過，香港不是一個國家，而

且容易受外圍因素所影響，缺乏自主性。我反而看好日本，現在日本是世界第三大經濟體，在二次世界大戰之前，其實日本已經是一個強大的國家；更重要的是，日本文化有一個很強的審美向度，日本的建築和設計都是世界一流水準的，而其審美精神更滲透到日常生活，即使是普通的民居，也充滿着美感。

除了愛之外，美也聯繫到和諧及發展，孔子強調禮樂並舉，就是想用音樂協調人的情緒，融入社會秩序。正如「繁榮」那一篇所講，沒有精神價值的經濟繁榮是不會長久的。在「宇宙」那一篇我們談到外星人來地球的其中一個目的是學習，這些比我們先進幾千年，甚至上萬年的外星文明，究竟要向地球人學習甚麼呢？科技先進未必表示其他方面都比我們優勝，也許外星人想學習的是我們的藝術和文化。還記得第一篇「藝術」提及的雷姆利亞文明嗎？其對藝術的重視程度，就連政治也決定於藝術，由此可見審美的力量。

真、善、美

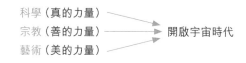

結語

科技會對社會結構帶來巨變，這是不容置疑的，例如生殖科技會
衝擊家庭結構，人工智能也會令很多人失業，但當科技大大提升
生產力的時候，人就不再需要為了生活而工作，工作可能只是自
我實現的方式。未來我們會擁有大量的閒暇，可以過着充滿智性
的生活，就好像擁有奴隸的古希臘人一樣。

要掌握未來，最好就是認識過去，因為第一，歷史會重複；第二，
未來是由過去發展出來，沒有過去，也就沒有未來。現在地球的
處境跟埃及古書記載的亞特蘭提斯文明有點相似，這個科技十分
發達的文明究竟怎樣滅亡呢？是毀滅於核子戰爭嗎？我以為，唯
物論的科學觀最終會令人類走向滅亡，出路就是宗教和科學的結
合，而這場宗教復興運動也不應是回歸傳統，而是宗教的更新，
開創新的時代，引領人類未來的發展，這是宇宙時代的宗教。

在二十世紀初的現代藝術流派中，有一種叫做未來主義，顧名思義，未來主義就是要歌頌未來。意大利畫家薄邱尼（Umberto Boccioni）是未來主義的奠基者之一，而他的《城市的興起》（*The City Rises*）可以說是未來主義的代表作，用藝術來表達快速改變的社會，改變就是未來，未來就是進步，進步就是好的。問題是，未來主義這種觀念會否落伍？

《城市的興起》（1910 年）

作者：薄邱尼
原作物料：油彩
尺寸：301 × 200cm
收藏：紐約現代美術館

後　語

寫完這本書後，我發現三組文章剛好對應着儒、道、佛這三家思想，第一組對應道家，道家重視個人，切合這一組的主題。雖然老子和莊子都沒有直接討論過藝術，但其蘊涵的藝術精神經魏晉玄學對中國藝術產生很重要的影響，而道家的寬裕心境更是閒暇的極致；我們也可效法李小龍，將道家精神應用到其他運動之上。

第二組對應儒家，儒家重視社會秩序，理想是平天下，人人能夠安居樂業，孔子周遊列國不過是尋找從政的機會，實現他的理想。但儒家有一個問題，就是將知識屈從於道德，令知識失去獨立的價值；道家就更加輕視知識，莊子甚至主張「泯是非」和「薄辯議」。

相比之下，佛家較重視科學，佛家有着科學實驗的修證精神；出家人要學習五明：聲明、工巧明、醫方明、因明和內明；佛家的世界觀也比儒道兩家宏大，它講的三界、天人、龍神、修羅和惡鬼等等，似乎是屬於其他次元的世界；佛家對微觀世界也有詳細的描述，例如它講的外色塵，就對應着原子和電子這些極微的粒子。所以第三組對應佛家，我相信未來是科學和宗教結合的時代，佛教將會擔當重要的角色。

道、儒、佛這三家也反映我的心路歷程，我最初是讀藝術的，無論是心態行為和價值觀都跟道家的精神契合；後來發現儒家積極進取的人生觀很有見地，人也變得勤力起來，對社會政治也多了關心；現在我的興趣轉向宇宙和死後的世界，在這方面，佛教有着豐富的資源。